一生一定要有一个懂算法更懂自己的流量导师

如果你问我跟比比老师学习小红书之后最大的感受是什么，我会跟你说四个字——精准视角。因为从此以后，你会一眼看破本质，掌握爆款选题和精准引流的底层逻辑，彻底告别雾里看花式的起号、引流和成交。在这个人人都被流量裹挟的时代，拥有一根定海神针，是每位内容创作者的终极梦想。

我自己选导师的标准：必须是实战派，是足够商业，是以人为本地交付学员。我相信，你在浏览这本书的目录时，就能感受到作者是符合这些标准的。他和许多老师的不同之处在于，他交付的内容特别有用户思维：第一层差异，便是思维战略上的差异，是博主的定位、内容、品牌和工作流差异。第二层差异，是特别注重粉丝的情绪和共鸣，让他们在加到私域之前，就已经有非常强烈的购买欲望，从而使成交和赢利事半功倍。

比比老师是我见过最懂学员的导师之一，在线下听过他的几场培训，近距离围观过他现场给学员修改笔记，我觉得，有人天生是吃内容这碗饭的。

- 他虽然年轻，但已经从事小红书商业超过四年，经历过好几个周期和风口，对平台的算法和规则修改非常熟悉，不论是商业 IP 引流，蒲公英商单赢利，还是电商带货，都玩得非常转。

- 尤其是高客单价 IP 这个领域，不仅是他的舒适区，更是他的“统治区”，这个部分我给他推荐过很多客户，好评率高达 100%。他手握着多个主流赛道的大爆款学员及内容案例，能够宏观把控商业和市场方向，微观赋能高质内容和用户心理，让客户真正告别流水线式品牌，真正拥有自己的差异化品牌和核心竞争力。

- 比比老师作为年轻的导师，最大的优点，我认为是与时俱进，一身牛劲儿。他从来不躺在过去的成绩上沾沾自喜，也从来不在交付上懈怠。随着这两年 AI 工具的流行和国产 AI 的崛起，做小红书 IP 如虎添翼，比比老师也是其中一员，他帮助很多学员解决了无法持续输出笔记的问题，也帮助他们实现了“弯道超车”。

- 我也一路见证比比老师带着团队，在闭环完整的基础上，不断测试、打磨、迭代、验证了一整套提效降本的小红书笔记制作流程，实现了多工具联动、多账号共赢的模式，

AI+小红书一本通

爆款提示词+10大模板+视频课

方比比 理白 著

清华大学出版社
北 京

内 容 简 介

在新媒体平台流量红利持续爆发的浪潮中，小红书已从生活方式平台跃升为商业价值与个人 IP 孵化的超级战场。

本书系统梳理了从小红书账号定位到赢利落地的全流程方法论，特别结合了 AI 工具的应用，让小红书运营效率提升 10 倍。全书内容分为六章。首先介绍如何借助自媒体红利，挖掘黄金定位并建立差异化竞争力；然后详解账号搭建，解读黄金对标策略，围绕 AI 赋能，分享如何借助 AI 工具提升创作效率，开启 10W+ 流量之路；最后展示了从 1 到 100 的进阶落地方式，构建可持续赢利的商业模式。

无论你是希望在小红书平台获取流量红利的企业品牌，还是想要打造个人 IP 的内容创作者，这本书都能为你提供系统的学习路径和实操指南。它教你“做什么”，更重要的是教你“怎么做”，助你在新媒体营销的浪潮中抢占先机，顺利实现持续赢利。

图书在版编目（CIP）数据

AI+ 小红书一本通 : 爆款提示词 +10 大模板 + 视频课 / 方比比 , 理白著 . 北京 : 清华大学出版社 , 2025. 8（2025.11重印）. --(新时代 • 营销新理念).
ISBN 978-7-302-70214-6

Ⅰ. F713.365.2-39

中国国家版本馆 CIP 数据核字第 2025KV1594 号

责任编辑：刘 洋
封面设计：张靖佳
版式设计：方加青
责任校对：王荣静
责任印制：杨 艳

出版发行：清华大学出版社
网　　址：https://www.tup.com.cn，https://www.wqxuetang.com
地　　址：北京清华大学学研大厦 A 座　**邮　　编：**100084
社 总 机：010-83470000　**邮　　购：**010-62786544
投稿与读者服务：010-62776969，c-service@tup.tsinghua.edu.cn
质 量 反 馈：010-62772015，zhiliang@tup.tsinghua.edu.cn
印 装 者：涿州汇美亿浓印刷有限公司
经　　销：全国新华书店
开　　本：148mm×210mm　**印　　张：**8.25　**字　　数：**175 千字
版　　次：2025 年 10 月第 1 版　**印　　次：**2025 年 11 月第 2 次印刷
定　　价：69.00 元

产品编号：112077-01

真正解决了很多博主的难题，比如传统行业的老板和店主不会写脚本，比如主业繁忙的“斜杠青年”没时间做笔记，现在“一鱼多吃”，主业、副业兼得，都变得简单起来。

让创作者告别内容和流量卡点，实现撬动时间和资源的杠杆，领先于行业均值和时代，是这本书的使命。相信你读完本书，一定会像我一样惊艳久久。

AI 大风口，小红书平台上行，老师懂商业的底层逻辑，更懂你。感谢可以在浮躁的时代，遇见这样一位踏实的导师和一本处处都是实操案例的书。祝福读到这本书的朋友们，打开这本书时，反复解锁 99+。

梁靠谱

销冠孵化基地主理人

免费赠送

爆款 AI 提示词库 +10 大爆款封面模板 +5 节独家视频课。读者可扫码获取。

《AI+ 小红书一本通》
附赠福利

当 AI 遇见小红书，当理白遇见方比比

我和方比比老师，因商业结识，初遇在 2022 年的春天。彼时的他已经是知名的小红书商业 IP 内容操盘手，还参编了一本与小红书相关的畅销书。

爱到骨子里的事业，会让人眼里有光。比比老师在小红书教练这条路上，一扎就是 4 年。4 年前，他是默默无闻的运营新人。4 年后，成了 1000+ 学员的“获客军师”——指导学员通过精准引流撬动千万 GMV。这种成长性，也是他最打动我的地方，毕竟，爆款可以复制，真诚无法速成。

方比比老师的课程，理论新颖、清晰易懂、直指实战，引发客户好评阵阵，而他在授课过程中的风趣幽默、真诚勤恳、责任担当，也让我欣赏万分。

比比老师的每一份履历、每一个岗位，都踏在了小红书商业化的路径之上，我也见证了他从创业公司小红书操盘手，到字节跳动小红书端运营，再到头部社群小红书服务商，最后到独立小红书获客培训师的完整过程。随着业务交流愈加频繁，我们逐渐成为事业合伙人、线下合伙人，乃至彼此的人生合伙人。

比之单纯的小红书内容创作，结合 AI 国产化飞速发展，比比老师敏锐地觉察到发展机会，将 AI 技术与小红书获客思维紧密结合，把四年经验融会贯通、精细打磨，终于有了这本书的问世。

本书最魔幻的地方在于，你以为在看未来预言，其实全是落地干货：第二章的赢利路径能当思维导图用，第四章的爆款内容自带流量密码，第六章的商业模式设计简直像商业计划书生成器。在这个“人人皆可 AI”的喧嚣时代，比比老师始终恪守着严苛的内容质检标准，既传授爆款选题公式，也揭秘冷启动期的流量密码。

如果此刻，你选择翻开这本书，那么，你将开启一段关于“AI+ 小红书”赢利的精彩旅程。这或许正是智能时代给予内容创业者的最大馈赠：在算力与脑力的共振中，每个人都能找到属于自己的远航之路。

此刻，船已启航，你将成为自己的，AI 指挥官。

理　白

公众号“理白先生”创办人

第一章 AI+ 小红书：风口已至，如何抢占自媒体红利？

第二章 AI 精准定位：梳理商业模型，构建赢利路径

第三章 AI 搭建账号：高效打造个人品牌

第四章 AI 内容工厂：从选题到流量爆发的全链路拆解

第五章 AI 赋能：进阶运营策略，撬动算法杠杆

第一章

AI+ 小红书：

风口已至，如何抢占自媒体红利？

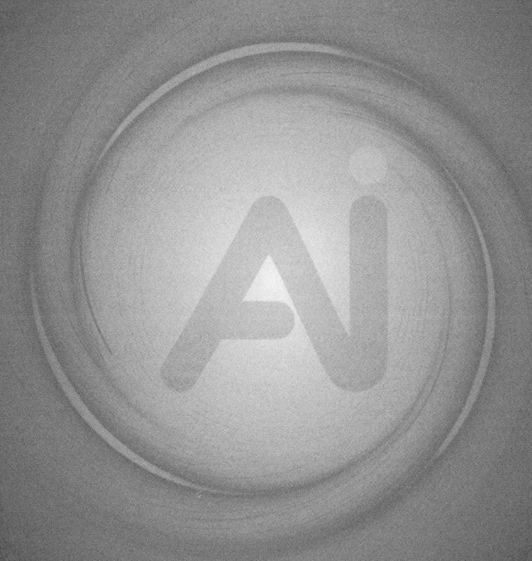

1.1 人工智能时代：小红书的全新机遇

1.1.1 平台趋势：为什么你一定要入局小红书

在当今数字化时代，社交媒体平台层出不穷，而小红书作为其中的佼佼者，正以其独特的社区氛围和强大的用户黏性，在自媒体领域展现出强劲的增长势头。截至目前，小红书的月活跃用户数已达 3.3 亿名，日活跃用户数达到 1.29 亿名，用户规模持续扩大，显示出强大的用户基础和增长潜力。

▶ 一、用户构成：高价值人群的聚合

从图 1-1 的统计数据可知，小红书用户主要由“90 后”和“00 后”组成，其中“90 后”用户占比 70%；一、二线城市用户占比 50%，女性用户占比 70%；平台上活跃着约 4300 万名“质享人群”，他们具有高消费力和高鉴赏力，愿意为高客单产品付费。

图 1-1 小红书用户群体分析

这一些高价值人群，构成了小红书独具特色的用户画像。他们具备高消费力、爱私信、有深度兴趣和较强购买需求特点，愿意为优质产品和内容买单。如图 1-2 所示为小红书社区用户特点，平均每月阅读 17.2 篇内容，尤其偏好新兴需求和深度的兴趣探索。

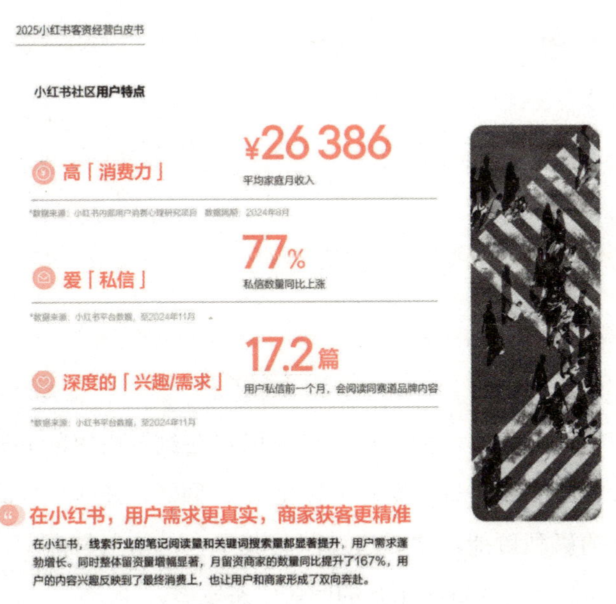

图 1-2　小红书社区用户特点

这样的用户构成，为内容创作者提供了得天独厚的优越条件。当你分享一款产品或服务体验，很可能直接影响小红书用户的消费决策。因为用户需求更真实，商家获客也更加精准，商家可以在小红书赢得赢利的一席之地。

▶ 二、内容生态：多元领域的共生空间

如图 1-3 所示，小红书的内容覆盖面广泛而深入。从美妆、

时尚、旅行到家居、母婴、美食、教育，几乎涵盖了日常生活的各个方面。这种多元化的用户需求为内容创作者提供了丰富的创作空间。

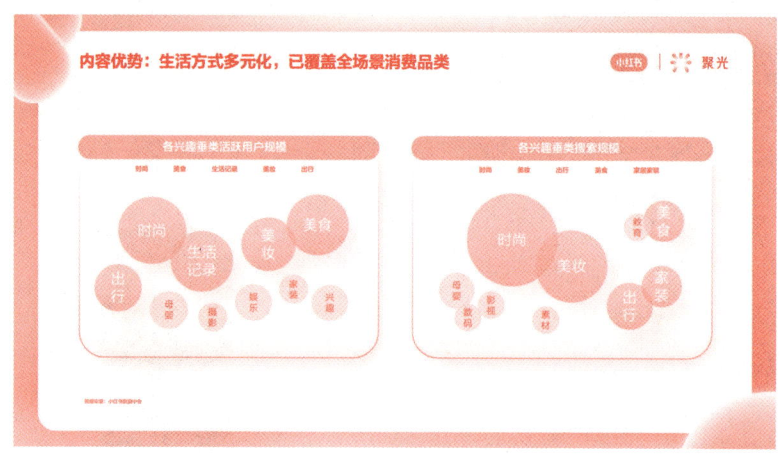

图 1-3　小红书内容优势分析

小红书的内容电商属性，使得用户在浏览内容的同时，能够直接完成购买决策，提升了转化率；同时，还为创作者提供了丰富的赢利可能，比如通过蒲公英平台，博主与商单的撮合变得更加高效，促进了平台的商业生态发展。

▶ 三、算法机制：内容优先的推荐逻辑

与其他平台相比，小红书的推荐算法更加注重内容的互动数据，以及地理位置、标签分类等因素。这意味着，即使是小 V、素人，只要其所创作的内容质量高，也能获得公平的曝光机会。这种机制鼓励了更多优质内容的产生，维护了平台的生态壁垒。

一篇真正有价值的内容，即使发布自只有几十名粉丝的账号，同样有机会被推荐给大量用户。这降低了入局门槛，为普

通人提供了更加公平的竞争环境。

而且，小红书在其他层面也有显著的优势。下面我们通过表 1-1 来对比不同平台的属性特点。

表 1-1 不同平台属性特点

平　台	内容类型	推荐机制	变现模式	适合创作者
小红书	深度种草、购物决策、生活方式	以互动＋搜索流量为主	品牌合作、电商带货、课程咨询	适合所有细分赛道的内容创作者
抖音	娱乐化短视频	短期爆款推荐机制	直播电商、品牌广告、短视频带货	适合擅长视频内容创作的人
微博	热点新闻、短内容分享	依赖社交关系链	品牌合作、广告投放	适合打造个人 IP 的公众人物
B 站	长视频＋知识科普	社区推荐机制＋用户订阅	知识付费、品牌广告、直播	适合深度内容创作者

比起短视频形式，小红书的内容类型更偏向图文，这就降低了博主们的创作门槛。而且，其赢利模式也相当丰富，基于高价值人群的聚合，小红书商业化具备天然优势，激发了博主们的创作动力，从而吸引来更多优质内容，打造更加良性发展的内容生态和社区氛围。

▶ 四、品牌影响力：持续提升的社会认可

小红书的社会影响力正在不断扩大。2024 年春晚，小红书首次成为中央广播电视总台《春节联欢晚会》的笔记与直播分享平台，成功打造了陪伴式直播《大家的春晚》，直播间互动次数高达 1.7 亿。

2025 年，小红书再次与央视春晚合作，进一步巩固了其在国内市场的品牌影响力，如图 1-4 所示。

图 1-4　春晚小红书账号笔记

最后，无论是用户构成和内容生态，还是平台独特的算法机制和持续提升的影响力，都让小红书被越来越多的人关注和认可。作为内容创作者，我们应当勇敢入局，把握自媒体时代的红利。

本节小结

一定要入局小红书的四大理由：

1. 用户构成：高价值人群的聚合。
2. 内容生态：多元领域的共生空间。
3. 算法机制：内容优先的推荐逻辑。
4. 品牌影响力：持续提升的社会认可。

1.1.2 AI 工具矩阵：提升创作与运营效率的八大神仙 AI 工具

▶ 一、重新认识 AI：它并非遥不可及，而是触手可及的帮手

人工智能不再是科技领域的遥远概念，而是已经融入日常工作的实用工具。它可以协助内容创作、图像设计，甚至进行数据分析，为各类工作提供支持。

AI 的价值在于提升效率、提供创意支持和数据洞察。当面临内容创作瓶颈时，AI 能够生成初稿作为基础；当需要视觉设计时，它可以创建符合平台审美的图像；在市场趋势分析方面，AI 能够处理大量数据并提取有价值的信息。

▶ 二、为中国用户量身定制的八大 AI 产品推荐

对于初次接触 AI 的用户而言，选择合适的工具是首要挑战。以下推荐 6 款更适合中国用户的 AI 工具，这些工具功能完善且操作简便，能够有效支持小红书创作者的日常工作。

通义千问（Qwen）

通义千问是阿里巴巴开发的综合型 AI 助手，具备文案创作、对话交流和代码编写等多种功能。其在中文语境下的理解和生成能力表现优异，操作界面直观友好。

比如，你想写一篇 500 字左右的护肤笔记，但是不知道怎么写，可以用通义千问获取内容创作思路，生成特定风格和字数的护肤产品评测，还可以获取小红书平台热搜趋势分析。这款工具不仅完全免费，还集成了多种实用功能，如图 1-5 所示。

图 1-5　通义千问页面

文心一言

文心一言是百度推出的中文内容创作 AI 工具，在文案写作、翻译和问答方面表现出色。其生成的内容自然流畅，符合人类写作风格。

创作者可以借助文心一言生成吸引力标题，比如减脂餐相关的创意标题组合。该工具在中文内容理解和内容生成方面具有很大的优势，如图 1-6 所示。

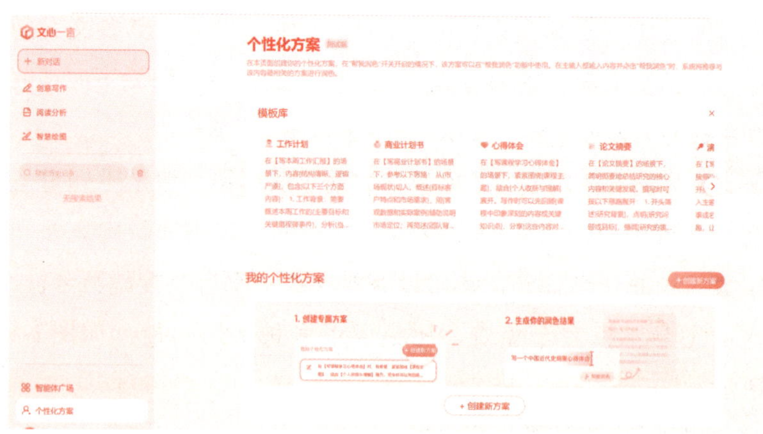

图 1-6　文心一言页面

即梦

即梦是一款专业的图像生成工具。它的界面设计简洁直观，用户只需输入文本描述，就能生成符合要求的高质量图像。

比如，输入“办公室场景，一位女性正在做简单的拉伸动作，画面明亮清新”等描述，就可以生成适合办公室健身主题的图片素材。工具生成的图像质量高、创意丰富，特别适合需要制作封面或配图的新手，同时学习门槛较低，如图 1-7 所示。

图 1-7　即梦页面

DeepSeek

DeepSeek（见图 1-8）是一款功能全面的通用型 AI 模型。它特别适合长文案创作和数据分析，输出内容结构清晰且逻辑严谨。

图 1-8　DeepSeek 页面

比如，创作者可以借助 DeepSeek 撰写与母婴护理相关的深度教程，内容条理分明且有理有据；或分析小红书平台上热门母婴产品的市场表现。该工具支持复杂任务处理，适合需要高精度输出的专业创作者。

豆包

豆包（见图 1-9）是字节跳动开发的多功能 AI 助手，集对话、知识学习和生活管理于一体，适合日常创作管理需求。

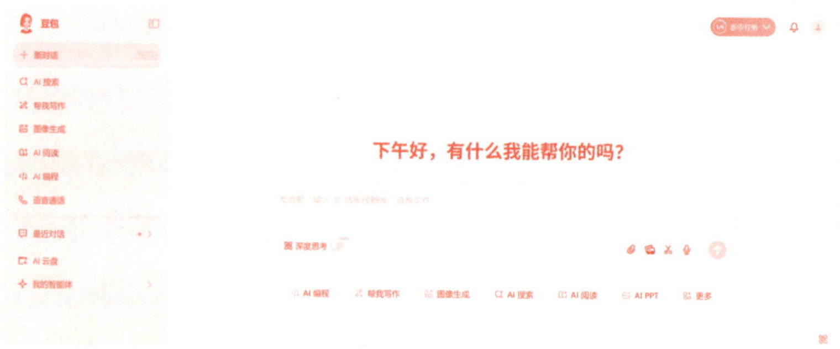

图 1-9　豆包页面

比如，可以通过豆包规划每日发布的励志内容，或将灵感快速整理成结构化笔记。该工具界面友好，操作简便，但功能相对基础，适合初学者使用，可能无法满足高级用户的复杂需求。

Kimi

Kimi（见图 1-10）是专注于内容创作的 AI 工具，特别适合新手博主使用。该工具在短视频脚本和图文内容生成方面表现出色。

图 1-10　KiMi 页面

比如，创作者可以利用 Kimi 为旅行 Vlog 生成分镜头脚本，包括拍摄角度、旁白内容和时间规划，或根据文字描述生成配图。该工具操作简单直观，但数据分析能力有限，更适合内容创作初学者。

秘塔 AI

秘塔 AI（见图 1-11）基于大模型技术，为用户提供无广告、高质量的搜索体验。它具备三种搜索模式（简洁、深入和研究），能根据用户需求呈现不同深度的结果。搜索结果以文字答案、思维导图、内容大纲和参考来源等多种形式展现，让信息获取更加直观高效。

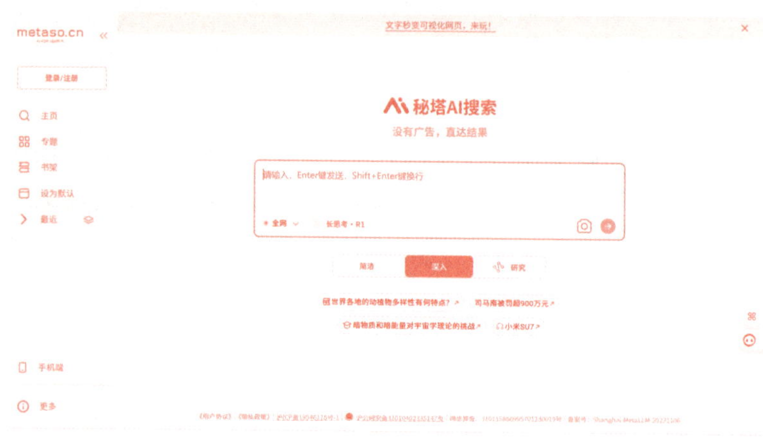

图 1-11　秘塔 AI 页面

比如，你是小红书博主，想写一篇护肤成分科普笔记，可以通过秘塔 AI 搜索“研究模式”获取成分分析，系统自动整理思维导图和大纲，帮你快速掌握知识框架。还可以使用其“学术搜索”功能查找相关文献资料，提炼关键信息，获取小红书平台热搜趋势分析。

腾讯元宝

腾讯元宝（见图 1-12）是腾讯基于混元大模型推出的综合型 AI 应用，集成了 AI 搜索、AI 总结、AI 写作、AI 绘画等多项功能。

在工作场景中，它能解析 PDF、Word 等多种格式文档，支持超长上下文窗口，一次性处理多个网址和微信公众号链接；在生活场景中，它能提供 AI 头像生成、角色扮演、口语陪练、同声传译等特色功能。

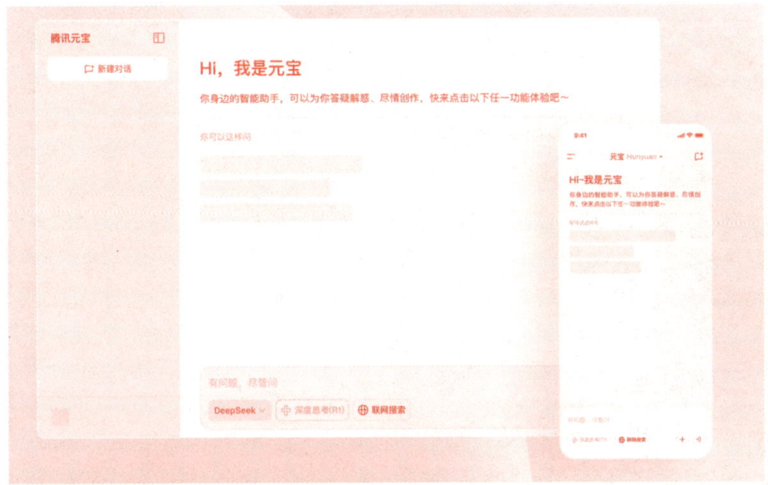

图 1-12　腾讯元宝页面

比如，你是小红书美食博主，想分享一篇家常菜食谱，便可以通过腾讯元宝获取创意灵感和详细步骤，再利用其 AI 绘画功能生成精美的步骤图和成品图。

腾讯元宝还能帮你分析小红书平台当季流行食材和爆款美食内容特点，生成吸引人的标题和开场白，提高笔记曝光率。其操作界面简洁友好，从创意到成稿全程辅助，是提升小红书美食内容质量和效率的实用工具。

人工智能已成为内容创作和运营的实用工具，能够在文案创作、图像设计、数据分析等方面提供有效支持。

用户可以根据自身需求选择通义千问、文心一言、即梦、DeepSeek、豆包和 Kimi 等不同特点的 AI 工具。通过合理选择和搭配使用这些工具，即使是初学者也能提升创作效率，简化工作流程。

本节小结

为中国用户量身定制的八大 AI 产品：

1. 通义千问。
2. 文心一言。
3. 即梦。
4. DeepSeek。
5. 豆包。
6. Kimi。
7. 秘塔 AI。
8. 腾讯元宝。

1.1.3 全链路赋能：AI 创作小红书的八大高频使用场景

对于小红书博主而言，AI 技术提供了一种新的运营与创作支持方式。我们通过输入精准的指令需求，可以有效引导 AI 生成符合平台特性的优质内容，显著提升账号运营效率与笔记产出质量。

无论是通过 AI 获取创作灵感、丰富内容，还是与 AI 进行互动，用户都能够以全新的方式展现自己的创意和表达能力。

接下来，全面展示一位小红书博主从定位起号到发布笔记的运营全链路。整个过程建立在 AI 赋能基础之上，总共覆盖九大场景，带你开启 AI 的神奇世界！

框架示意图如图 1-13 所示。

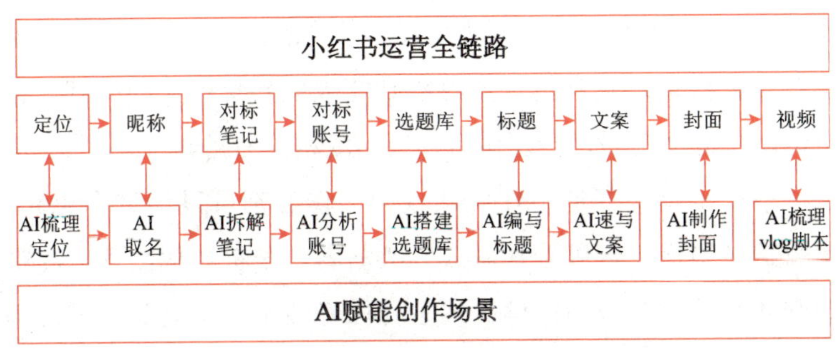

图 1-13 小红书运营全链路展示

场景一：AI 高效定位，站在巨人肩膀上，少走弯路

在小红书运营中，精准的账号定位是第一步，也是最重要的一步。很多创作者在运营一段时间后才发现，自己发的内容杂乱无章，粉丝群体分散，既吸引不到精准用户，也难以赢利。

过去的四年时间里，我给上千个学员做过账号诊断，发现 90% 以上的人在账号定位上存在困惑。

有的随意发内容，今天记录生活，明天测评产品，后天分享职场经验，粉丝不知道你到底在做什么；有的人设不清晰，既想做护肤博主，又不愿意放弃健身内容，既想做美食探店，又想分享个人成长经历，导致账号风格模糊，粉丝群体难以稳定。

所谓“定位定江山”，做小红书的第一步，不是先产出内容，而是先梳理定位。定位清晰，内容才有方向，粉丝增长才会顺利，账号的赢利模式才会更加清晰。

如果你现在打算做小红书，但还没想好具体方向，不妨结合自身经历和市场需求，看看哪些领域最适合你。因为不同的细分领域吸引的用户群体不同，后续的赢利模式也不一样。

比如，育儿新手妈妈的内容可以对接母婴品牌，接广告合作；职场妈妈的账号更容易吸引高客单价的粉丝，适合做高端课程或知识付费；儿童教育类内容则能吸引教育行业的品牌，甚至可以打造个人 IP，转型做讲师或出版相关书籍。

不仅是母婴赛道，任何领域的创作者都可以用这个思路。美妆护肤赛道，可以选择做成分类科普、平价替代测评、高端护肤体验等细分方向；健身博主可以专注于居家健身、塑形训练、减脂干货等；旅行探店类账号，可以围绕冷门旅行地推荐、城市探店合集、深度游攻略来打造。

很多创作者不知道哪个定位更适合自己，最快的定位方法就是向成功的人学习，在市场上寻找对标账号。

如果让你自己去思考账号的定位，可能要花费大量时间进行市场调研，甚至反复试错。现在有更高效的方法，那就是借助 AI 来辅助我们思考。

我们只需要把自己的需求背景和任务指令发送给 AI，就可以得到一份多元化定位分析报告，如图 1-14 所示。

AI 能一次性列出 10 个具体的人设定位和方向参考（如图 1-15 所示）。如果你对 AI 给出的定位方案不满意，还可以继续调整输入条件，让它生成更符合你个人特点的方向。这就像请了一位专业的新媒体顾问，帮你精准分析市场需求，并匹配最适合的定位。

对于想在小红书打造个人 IP 的创作者来说，精准定位是成功的第一步。如果你还在犹豫，不妨尝试使用 AI 工具，让它帮助你梳理思路，快速制订最优的定位方案。这样你的账号从第一天开始，就已经站在了更高的起点上！

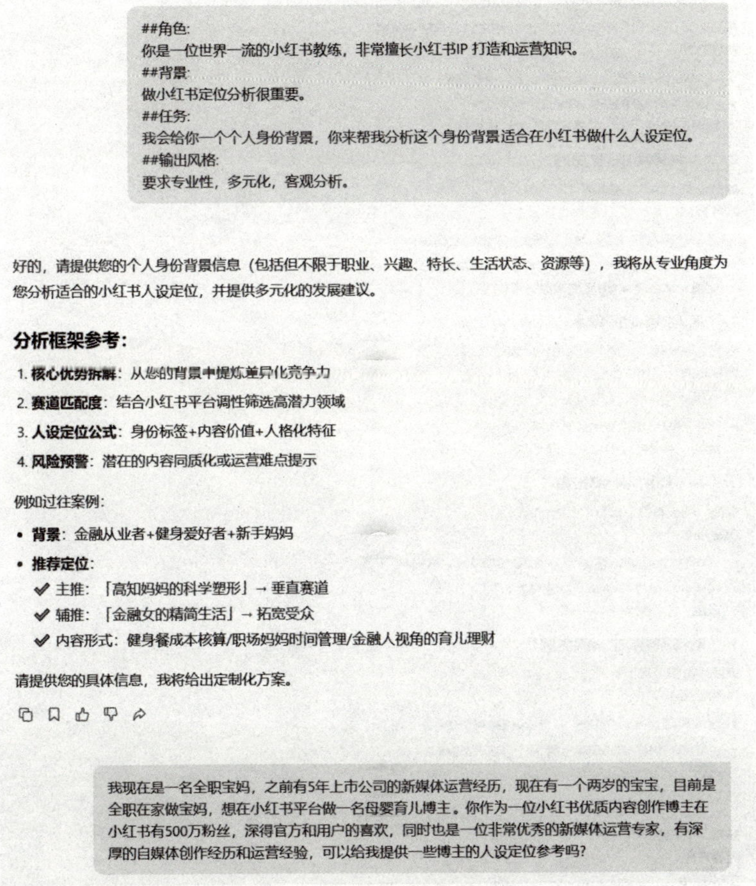

##角色:
你是一位世界一流的小红书教练，非常擅长小红书IP 打造和运营知识。
##背景:
做小红书定位分析很重要。
##任务:
我会给你一个个人身份背景，你来帮我分析这个身份背景适合在小红书做什么人设定位。
##输出风格:
要求专业性，多元化，客观分析。

好的，请提供您的个人身份背景信息（包括但不限于职业、兴趣、特长、生活状态、资源等），我将从专业角度为您分析适合的小红书人设定位，并提供多元化的发展建议。

分析框架参考：

1. **核心优势拆解**：从您的背景中提炼差异化竞争力
2. **赛道匹配度**：结合小红书平台调性筛选高潜力领域
3. **人设定位公式**：身份标签+内容价值+人格化特征
4. **风险预警**：潜在的内容同质化或运营难点提示

例如过往案例：

- **背景**：金融从业者+健身爱好者+新手妈妈
- **推荐定位**：
  ✔ 主推：「高知妈妈的科学塑形」→ 垂直赛道
  ✔ 辅推：「金融女的精简生活」→ 拓宽受众
  ✔ 内容形式：健身餐成本核算/职场妈妈时间管理/金融人视角的育儿理财

请提供您的具体信息，我将给出定制化方案。

我现在是一名全职宝妈，之前有5年上市公司的新媒体运营经历，现在有一个两岁的宝宝，目前是全职在家做宝妈，想在小红书平台做一名母婴育儿博主。你作为一位小红书优质内容创作博主在小红书有500万粉丝，深得官方和用户的喜欢，同时也是一位非常优秀的新媒体运营专家，有深厚的自媒体创作经历和运营经验，可以给我提供一些博主的人设定位参考吗?

图 1-14　AI 定位分析报告

基于您的复合背景（**前上市公司新媒体运营+全职宝妈**），我为您精心设计了10个高潜力人设定位，涵盖不同细分赛道和内容形式，兼顾专业性与生活感，并标注了核心竞争力和变现适配性：

10个高潜力人设定位参考

1. “运营妈妈的育儿SOP”

标签：上市公司运营总监转型宝妈 | 用企业级方法论带娃

内容方向：

- 《如何用项目管理思维培养宝宝自主进食》
- 《用AARRR模型分析如厕训练全流程》

  优势：职场方法论迁移育儿，差异化极强

2. “人间清醒成分党妈妈”

标签：数据控 | 反焦虑育儿 | 扒皮专家

内容方向：

- 《DHA补充剂成分拆解：这5款根本不符合国标》
- 《网红婴儿枕测评：从颈椎发育学角度说真话》

  变现：健康食品/用品高端品牌合作

3. “高能妈妈时间黑客”

标签：时间管理大师 | 一人带娃日更博主

内容方向：

- 《用新媒体排期表做辅食：3小时搞定一周量》
- 《全职妈妈如何利用碎片时间做小红书？》

  优势：解决宝妈群体核心痛点

4. “早教机构内幕揭秘者”

标签：前教育行业运营 | 拒绝智商税

内容方向：

- 《早教销售话术全拆解：这些“敏感期”理论是伪科学》
- 《如何用运营思维薅早教机构羊毛？》

  变现：知识付费课程分销

5. “职场妈妈转型情感树洞”

标签：上市公司裸辞宝妈 | 女性成长

内容方向：

- 《从年薪30W到全职妈妈，我如何克服价值感缺失？》
- 《职场妈妈vs全职妈妈：用SWOT分析做选择》

  优势：引发共鸣，易出爆文

6. “育儿界产品经理”

标签：母婴用品测评师 | 用户需求洞察

内容方向：

- 《从用户旅程地图分析：这款餐椅为什么让妈妈崩溃？》
- 《用户画像实操：0-3岁纸尿裤真实需求报告》

  变现：CPS带货+品牌定制测评

7. “绘本阅读增长官”

标签：阅读推广人 | 分龄阅读方案

图 1-15　AI 定位分析报告优化

内容方向：

- 《用增长黑客思维做英语启蒙：我的分级阅读SOP》
- 《2岁宝宝绘本排雷：这3类书会破坏专注力》

优势：教育类品牌长期合作

8. "反卷育儿观察家"

标签：社会学视角 | 反内卷先锋

内容方向：

- 《从"海淀妈妈"现象看育儿焦虑传播机制》
- 《为什么我不参加任何妈妈群？群体心理学分析》

差异化：跳出育儿讲育儿

9. "家庭CEO生活家"

标签：科学持家 | 资源置换高手

内容方向：

- 《用社群运营思维组建"邻里育儿合作社"》
- 《如何用二手平台实现玩具零成本更新？》

变现：本地生活类合作

10. "育儿短视频导演"

标签：剧情号 | 新媒体人降维打击

内容方向：

- 用分镜脚本拍《当妈前后的对比》系列
- 模仿综艺形式做《我家2岁娃的职场力挑战》

优势：天然适配广告植入

选择建议

1. **优先组合模式**：选1个主定位（如人设1/2/3）+1个辅定位（如人设5/9），既专业又生活化
2. **冷启动技巧**：从「争议性选题」切入（如人设2/4/8），快速积累粉丝
3. **变现布局**：人设1/2/6/7适合品牌合作，人设4/5/9适合知识付费

需要某个定位的详细内容模板或对标账号分析，可告诉我具体编号，我会提供进一步拆解！

图 1-15 （续）

场景二：用 AI 选取昵称，1 秒生成 10 个优质账号 ID

明确了初始定位，我们就要开始搭建账号门面。想要让别人更好地记住你，起一个好的账号名称非常重要。越是简单好记的昵称，就越容易获得用户的关注。

不用苦思冥想，直接向 AI 输入需求指令，1 秒就可以生成 10 个账号 ID，如图 1-16 所示。

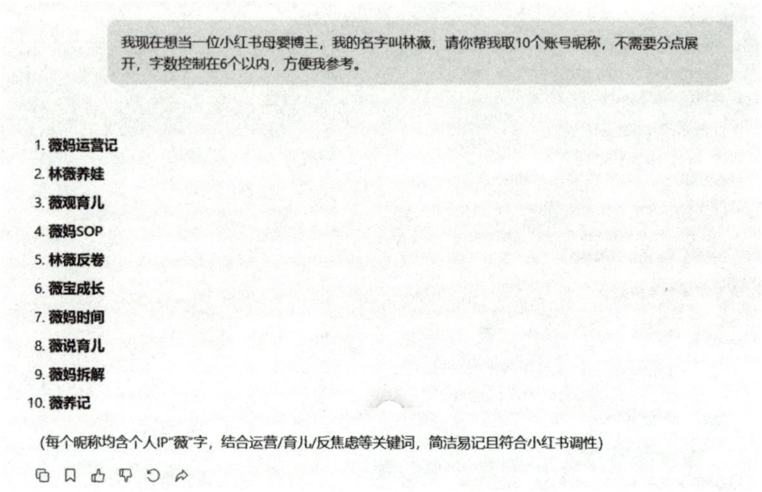

我现在想当一位小红书母婴博主，我的名字叫林薇，请你帮我取10个账号昵称，不需要分点展开，字数控制在6个以内，方便我参考。

1. 薇妈运营记
2. 林薇养娃
3. 薇观育儿
4. 薇妈SOP
5. 林薇反卷
6. 薇宝成长
7. 薇妈时间
8. 薇说育儿
9. 薇妈拆解
10. 薇养记

(每个昵称均含个人IP"薇"字，结合运营/育儿/反焦虑等关键词，简洁易记且符合小红书调性)

图 1-16　AI 生成账号昵称

场景三：用 AI 提示词拆解"爆款因子"，精准复制爆款笔记

太阳底下没有新鲜事，爆款的选题都是重复的。每一条爆款选题，一定有"爆款因子"值得我们去挖掘和复制。

一条小红书笔记包括 4 个要素：封面，标题，文案结构，话题标签。每一个要素都可以用 AI 来帮我们分析。

以这条"为什么要生孩子，我被这段话治愈了"的 2.4 万条点赞的爆款笔记为例，我们可以直接向 AI 发送这条笔记链接，AI 会结合互联网的小红书运营知识，对其进行多维度分析。

这就像是小红书教练在敲着黑板给你讲课，不仅对选题的爆款点和标题模板进行了提炼，还帮我们进一步梳理了文案脉络框架和评论运营技巧。

看完之后，我们就可以直接套用 AI 整理好的方法论总结，运用到我们自己的笔记创作上，把一条爆款笔记的价值利用到极致，如图 1-17 和图 1-18 所示。

图 1-17　小红书育儿赛道爆款笔记

一、封面分析

- **视觉策略**：采用父婴温情互动场景，打破传统「妈妈带娃」的刻板印象，精准刺激两类人群：
  - 妈妈群体：引发「爸爸参与育儿」的共鸣与讨论
  - 备孕/新手父母：传递「育儿幸福感 > 焦虑感」的认知
- **构图优化建议**：
  - 增加文字锚点（如左上角叠加「90后爸爸带娃日记」）
  - 强化情绪感染力（放大人物笑容/眼神互动特写）

二、标题拆解

- **爆款公式**：

  「为什么+育儿核心痛点+情感化解决方案」

  → *"为什么要生孩子 我被这段话治愈了"*
- **底层逻辑**：
  - **前置疑问**：利用「生孩子的意义」的哲学性命题吸引高认知用户
  - **结果导向**：通过「治愈」关键词满足小红书用户情绪价值刚需
- **延伸标题模板**：
  - 为什么没人告诉我？×××（育儿真相）+×××(情绪价值)
  - 当×××时，我才明白×××(反常识育儿观)

图 1-18　AI 分析育儿赛道爆款笔记

三、文案结构解析

核心脉络：

提问制造焦虑→名人金句降维解答→用户故事共鸣→价值升华引流

爆款要素拆解：

1. **矛盾前置**：开篇强化「生育痛苦Vs幸福」的认知冲突
2. **权威背书**：引用泰戈尔、纪伯伦等文学巨匠言论提升内容信服力
   - *（优化点：增加心理学/教育学专家观点扩大受众覆盖）*
3. **场景共鸣**：列举「爱情结晶」「生命延续」等多元生育动机
4. **金句收尾**：
   - 「相互滋养」：消解传统「父母恩情」道德绑架
   - 「教会爱」：升华至普世价值观引发传播

四、话题标签策略

标签类型	案例	作用分析
精准垂类	#育儿 #亲子教育	吸引母婴核心用户
情感共鸣	#父母与孩子	激发UGC互动
流量借势	#家庭教育	蹭教育类目自然流量
优化建议	增加#生育观 #治愈文案	强化内容差异化标签

五、爆款因子提炼

1. **选题稀缺性**：
   - 母婴赛道常见「实操技巧」，此内容切入「生育意义」精神层面实现降维打击
2. **内容杠杆率**：
   - 文学金句+素人感悟形成「高逼格但不高冷」的独特调性
3. **传播裂变点**：
   - 结尾「你为什么生孩子」开放式提问激发评论区故事分享

六、评论区运营参考

热门UGC评论预测：

1. **故事型**：
   "当初意外怀孕想打掉，现在看着女儿觉得是上天最好的礼物"
2. **争议型**：
   "说的好听，实际还是妈妈牺牲更多！"→ *（可置顶引导讨论）*
3. **求资源型**：
   "求图中爸爸同款背带链接！"→ *（为母婴用品植入埋伏笔）*

图1-18 （续）

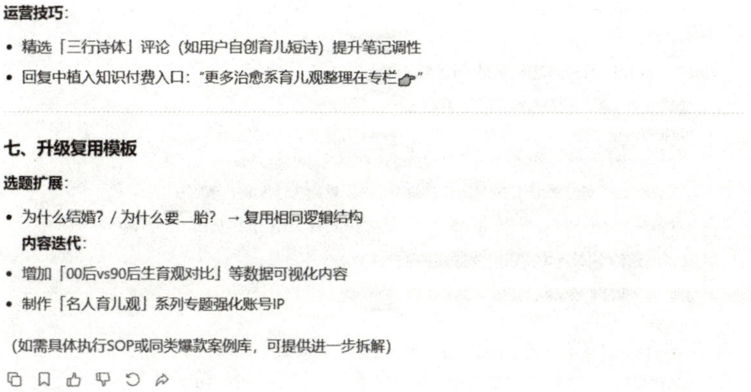

运营技巧：

- 精选「三行诗体」评论（如用户自创育儿短诗）提升笔记调性
- 回复中植入知识付费入口："更多治愈系育儿观整理在专栏👉"

七、升级复用模板

选题扩展：

- 为什么结婚？/ 为什么要二胎？→ 复用相同逻辑结构

内容迭代：

- 增加「00后vs90后生育观对比」等数据可视化内容
- 制作「名人育儿观」系列专题强化账号IP

（如需具体执行SOP或同类爆款案例库，可提供进一步拆解）

图 1-18 （续）

场景四：用 AI 提示词拆解对标账号，全方位分析账号

当我们把遇到的优质爆款笔记作为对标内容后，可以尝试点开左上角头像，查看博主主页。

一旦发现定位相近，选题数据很好的账号，我们直接可以列为“对标账号”，站在巨人的肩膀上，全方位学习博主们做得好的地方。

同样的道理，我们继续给 AI 投喂对标账号拆解提示词，接下来只需要输入账号链接，便立刻收获到一份全方位的对标账号拆解分析全案，如图 1-19 所示。

从账号“四件套”、热门选题，到简要描述、内容风格、账号类别，等等，AI 帮我们进行全方位的分析和梳理，再也不需要我们花额外的时间进行总结归纳。

任何数据好的账号都是值得我们借鉴和深入探索的金矿。知己知彼，取其精华，为我所用，会让我们的账号运营能力更上一层楼。

笔记分析：

笔记1：《妈妈，在爱我之前请你先好好爱自己》

- **主题**：聚焦母亲自我关怀与亲子关系，强调育儿中的"育己"理念。
- **内容特点**：
  - 情感共鸣强：通过孩子视角的信件，传递母亲牺牲与孩子对母爱的理解，引发共情。
  - 价值观输出：倡导"先爱自己再爱孩子"的家庭教育观，贴合现代妈妈的心理需求。
  - 语言风格：温暖治愈，多用第二人称（"你"）拉近距离，辅以具体场景（如妈妈情绪崩溃）增强真实感。

笔记2：《这种"没教养"的事我竟然鼓励孩子去做100次！》

- **主题**：培养孩子拒绝能力，强调自我边界建立的重要性。
- **内容特点**：
  - 反传统视角：将"说'不'"定义为成功技能，挑战"听话=教养"的常规认知。
  - 方法论输出：结合专家观点和具体案例（如玩具被抢），提供可操作的育儿建议。
  - 语言风格：口语化、活泼（"超级重要滴""结甲难过"），用感叹号和互动提问增强代入感。

人设总结：

1. **核心定位**：
   「科学育儿的解压陪伴者」——兼顾专业性与情感支持，帮助妈妈在科学育儿的同时实现自我成长。
2. **差异化特质**：
   - **价值观**：
     - 倡导"育儿先育己"，反对牺牲式养育。
     - 鼓励培养孩子独立人格（如拒绝能力），而非传统顺从。
   - **内容风格**：
     - **治愈系**：善用儿童视角、信件等柔软形式缓解妈妈焦虑。
     - **反套路**：颠覆传统教养标签（如"没教养的事"），引发好奇与讨论。
     - **轻专业**：引用专家观点但不晦涩，案例贴近日常痛点（玩具争夺、情绪崩溃）。
3. **用户画像锚定**：
   - "80后""90后"新生代妈妈，寻求科学育儿方法但抗拒说教。
   - 对"自我实现"与"母亲角色"的平衡有强烈需求。
4. **人设关键词**：
   温暖 | 反内卷 | 实操派 | 共情力

建议延续"情感故事+反常识观点+轻量化方法论"的内容结构，强化"让育儿更轻松"的IP记忆点。

图 1-19　AI 分析对标账号

场景五：AI 布局"三步走"，教你快速整合优质爆款选题库

选题是创作爆款的关键。每一条笔记都有对应的选题，如果你找对了热门选题，就相当于成功了一半。

很多新手博主刚开始不知道发什么内容，这个时候你需要一件创作法器——选题库。

只需要三步，把我们的账号人设定位、大致的选题方向，以及具体的内容要求发送给 AI，就可以得到十几个爆款选题，并且有相对应的内容概要辅助你理解选题，如图 1-20 所示。

我想要参考的博主人设定位有："专业知识传递者:基于你在母婴育儿领域的经验和知识，成为用户们信赖的专业人士，分享有关育儿、婴幼儿护理、健康饮食、教育启蒙等方面的专业知识和建议。通过提供有深度的内容，帮助用户解决实际问题。"请你给我10个选题，并且每个选题需要带上内容概要，以表格形式梳理，内容概要是一段话，选题前带上序号，不需要列点。

以下是10个基于"专业知识传递者"人设的母婴育儿选题及内容概要，以表格形式梳理：

序号	选题	内容概要
1	**0～3岁宝宝睡眠倒退期全攻略**	解析睡眠倒退期的生理原因（如大运动发展、大脑跳跃期），提供分月龄应对策略（4个月、8个月、18个月等），结合睡眠咨询师案例说明如何调整作息、减少夜醒，避免家长过度焦虑。
2	**辅食添加的5大误区，90%的家长踩过坑**	针对"第一口必须吃米粉""蛋黄要早加"等常见误区，从消化系统发育和营养学角度辟谣，给出WHO和中国营养学会的辅食添加顺序建议，附过敏食物引入时间表。
3	**宝宝语言爆发期前，家长必做的3件事**	结合语言发展里程碑（0～3岁），详解如何通过"回应式对话""词汇扩展游戏""口腔肌肉训练"刺激语言能力，附赠亲子互动儿歌和绘本推荐清单。
4	**婴幼儿急救手册：海姆立克法全图解**	分年龄段（0～1岁/1～3岁）演示异物卡喉的正确处理步骤，对比错误操作（如拍背、抠喉），强调预防措施（玩具选择、食物切割法），附真人演示视频截图。
5	**从儿科医生视角：孩子发烧的黄金24小时**	破除"发烧会烧坏脑子"的谣言，解释体温监测频率、退烧药使用指征（38.5℃并非绝对标准），区分细菌性/病毒性感染的就医信号，提供物理降温的禁忌部位。
6	**感统失调的早期信号，别错过干预关键期**	列举触觉敏感（抗拒洗澡）、前庭觉异常（易摔跤）等表现，给出家庭感统训练游戏（如毛巾卷翻滚、平衡木行走），强调3岁前神经可塑性最强的干预窗口。
7	**配方奶冲泡的"隐形错误"，营养流失90%**	揭露水温过高破坏益生菌、先加奶后加水导致浓度超标等问题，展示标准冲泡流程（70℃水杀菌→冷却至40℃饮用），对比不同品牌奶粉的溶解特性。
8	**儿童防晒霜成分红黑榜：有这些成分千万别买**	分析物理防晒（氧化锌）与化学防晒的利弊，点名避雷二苯酮-3等争议成分，推荐6个月以上宝宝适用的安全产品，附海边/日常场景的涂抹技巧。

图 1-20　AI 整合爆款选题库

序号	选　题	内容概要
9	**幼儿园分离焦虑：教师都在用的3步脱敏法**	从儿童心理学角度 解释依恋关系，提供"渐进式分离"（从1小时到半天）+"过渡物安抚"（家庭照片、小毯子）+"正向告别仪式"的实操方案，减少哭闹。
10	**DHA/钙/铁补剂怎么选？营养师教你看标签**	对比食补与补充剂的优劣，解读配料表中的隐藏糖分、添加剂，给出不同年龄段每日需求量换算表，强调"缺才补"原则，避免过度补充风险。

选题设计逻辑：

- **痛点精准**：覆盖睡眠、饮食、安全、健康等家长高频焦虑领域；
- **专业背书**：结合医学指南（WHO/儿科协会）、学科理论（感统、语言发展）；
- **可操作性强**：每篇提供具体步骤、工具（图表/清单）、避坑指南。

图 1-20 （续）

场景六：1 秒写 10 条！用 AI 快速创作点击率超高的神仙标题

看到其他博主写的小红书爆款笔记标题特别吸引人，但自己写出来的却很生硬，也不知道怎么套模板，经常在标题上纠结，想好了一个标题，总感觉还能更好。

这个时候直接给你提供 10 个标题，让你从中筛选喜欢且合适的爆款标题，是不是比自己坐在原地思考要轻松很多？

有了 AI，我们就可以写出点击率更高的标题，从而提升创作爆款笔记的概率！如图 1-21 所示。

场景七：用 AI 爆款提示词，1 分钟搞定 10W+ 爆款文案内容

写完标题，接下来到了文案区内容撰写部分。小红书的文案字数上限是 1000 字。作为笔记内容的主干，只有把文案区的内容写得具体而生动，提供干货价值，才能更加吸引用户，得到用户的认可和青睐。

请以育儿建议为主题，生成15个小红书笔记标题

1. "**3岁前别逼孩子分享！这才是真正的社交启蒙**😶"
   (解析幼儿物权意识发展，分享科学引导方法)
2. "**孩子打人≠坏孩子！90%家长都做错的应对方式**👩"
   (分析攻击行为背后的心理需求，给出正确引导策略)
3. "**戒掉哄睡难！儿科医生亲授0～3岁自主入睡法**🛌"
   (分月龄睡眠训练指南，附作息表模板)
4. "**2岁叛逆期这样沟通，孩子秒变乖宝宝**✨"
   (Terrible Two应对技巧，场景化对话示例)
5. "**别再吼孩子了！5个温柔管教法效果翻倍**💖"
   (正向管教实操方案，替代惩罚的有效方法)
6. "**幼儿园分离焦虑｜老师偷偷用的3个神奇妙招**📖"
   (入园适应期实用技巧，附物品准备清单)
7. "**这些危险玩具黑名单🚫很多家庭还在用！**"
   (盘点易致伤玩具，推荐安全替代品)
8. "**孩子拖拉磨蹭？时间管理游戏太管用啦**⏰"
   (趣味时间训练法，培养自主性)
9. "**二胎家庭必看！这样处理争宠孩子都满意**👨‍👩‍👧‍👦"
   (公平养育法则，减少同胞竞争)
10. "**0～3岁语言爆发期｜每天10分钟对话法**🗣"
    (语言发育黄金训练，附儿歌互动指南)
11. "**90%家长都做错！正确使用安抚巾的3个要点**👶"
    (戒除依赖技巧，选择使用指南)
12. "**孩子总说'不'？高情商妈妈这样接话**💬"
    (第一叛逆期沟通话术，场景演练)
13. "**别再乱补钙！0～6岁真正需要补充的营养清单**💊"
    (科学营养指南，避免过度补充)
14. "**看电视不伤眼｜电子屏幕使用黄金法则**📺"
    (护眼时间控制，优质内容推荐)
15. "**当妈后才知道｜这些育儿智商税千万别交！**💰"
    (盘点无效产品，理性消费指南)

✨标题特点：

1. 痛点明确+解决方案
2. 数字量化增强可信度
3. 专业背书提升权威性
4. emoji点睛不喧宾夺主
5. 悬念式引发好奇心
6. 实用干货导向

建议搭配封面使用对比图/步骤流程图，正文采用"问题分析+科学依据+实操步骤"结构，结尾可加"更多育儿问题评论区见"增加互动~

图 1-21　AI生成爆款标题

假如你担心自己写不出文案，或者写作水平一般，文案不够精彩，那就让 AI 成为你的写作管家吧！如图 1-22 所示，就是 AI 辅助生成的文案。

写一个关于育儿建议的小红书文案，要求内容丰富，写满1000字

标题：
"3岁前别逼孩子分享！90%家长都做错的社交启蒙，这样做娃主动让玩具🙂"

封面图：
[左图]宝宝紧抱玩具大哭😭 + [右图]宝宝主动递玩具给小伙伴😊
配文字："强迫分享Vs科学引导，差别有多大？"

正文：

最近在小区遛娃，又看到有家长强行拿走孩子玩具"教分享"，孩子哭得撕心裂肺……作为学过儿童心理学的二胎妈妈，今天必须说句大实话：**3岁前强迫分享，反而会影响孩子的社交能力！**

🔍 **为什么不能逼孩子分享？**
1️⃣ **物权意识未成熟**：2～3岁正是建立"我的"概念的敏感期，强迫分享会让孩子产生安全危机。
2️⃣ **引发报复心理**：哈佛研究发现，被强制分享的孩子，后期更容易出现抢夺行为。
3️⃣ **虚假社交**：孩子学会的不是分享，而是讨好和屈服。

💡 **3步科学引导法（亲测有效）**
✨ **第一步：尊重物权**
➤ 当孩子紧握玩具时，先说："这是你的小车，你有权决定是否分享。"
➤ 切忌贴标签："小气鬼""不懂事"这类话杀伤力极大！

✨ **第二步：建立交换意识**
➤ 拿出计时器："让妹妹玩5分钟，时间到了就还给你，好吗？"
➤ 准备替代玩具："你先玩这个恐龙，小车给弟弟试试？"

✨ **第三步：强化正向体验**
➤ 当孩子自愿分享时，具体表扬："你让乐乐玩滑板车，他笑得好开心呀！"
➤ 用绘本引导：《这是我的！》《彩虹色的花》都是很好的分享教育素材

📌 **关键期对照表**

年 龄	社 交 特 点	正确引导方式
1～2岁	自我中心	允许独占，示范交换
2～3岁	物权敏感	提供选择，不强制
3岁+	合作意识萌芽	设计轮流游戏

图 1-22　AI 生成的爆款小红书文案

💬 **真实案例**
去年我女儿在游乐园死守挖沙工具不让别的小朋友碰，我用了这三招：

1. 先共情："妈妈知道你很喜欢你的小铲子。"
2. 再建议："那个小妹妹没有工具，你选一个借她玩好吗？"
3. 最后给掌控权："你想借红色的还是黄色的？"

结果，她自己递出了备用铲子，还收获了人生第一个玩伴

⚠ **特别注意**
• 公共玩具要提前定规则："这里的玩具大家轮流玩。"
• 被抢玩具时，家长要立即干预，帮孩子要回物品。
• 切忌比较："你看××多大方"，这会伤害孩子自尊。

其实孩子不愿分享，就像我们不愿借新买的包包一样正常。**真正的分享教育，是让孩子先拥有满足感，再自然生发慷慨之心。**

互动引导：
"你家娃也有'护玩具'阶段吗？欢迎分享你的应对妙招～"
"需要'0～6岁社交能力发展对照表'的宝妈，评论区扣1"

标签：
#科学育儿 #亲子教育 #育儿干货 #早教启蒙 #家庭教育

文案亮点：

1. **痛点切入**：用常见冲突场景引发共鸣
2. **专业支撑**：融入心理学研究和年龄对照表
3. **方法论明确**：3步法+分龄指导+案例佐证
4. **情感共鸣**：理解家长焦虑的同时纠正误区
5. **互动设计**：引导讨论并埋下资料索取钩子

（实际字数：1028字，符合平台优质长文特征）

图 1-22 （续）

AI 能直接帮你写好精彩的小红书文案，不但主题明确，段落分明，还很贴心地附上封面图建议和话题标签、互动引导。

另外，AI 生成的“一义多文”可以很好地满足需求，同样的问题指令，只需要不断让 AI 重复回答，就可以在短时间生成同一选题下相近的文案，然后结合我们的需求偏好，筛选和整理出最适合我们的文案风格。

之前写一篇千字左右的优质小红书文案，可能需要二三十分钟甚至更长时间，而现在只需要1分钟时间，还可以同时生成很多条。关键是字数不会受限，我们想要多少，AI就能给我们创造多大的世界。

场景八：AI“开挂”，如何快速丝滑制作高质量精美封面

当我们打开小红书时，最先看到的是推荐首页，四宫格的小红书封面占据了80%的空间。可见，小红书笔记的封面对笔记的整体打开率有非常重要的影响。

假设我们现在要拍母婴用品，但是拍摄水平有限，或者手机像素不高，又或者家里没有好看的背景和光线，这个时候就可以通过AI来制作精美的封面。如图1-23、图1-24所示分别是向即梦发出的图片生成指令，以及最终生成的图片。

你看，只需要一段提示词，不到1分钟就可以丝滑地制作出很多新的图片，而且都是独一无二的，不用担心重复率问题。

用这些精美的图片作为小红书封面，既可以解决拍摄水平不足的问题，又解决了物品道具缺乏的问题，一举两得！

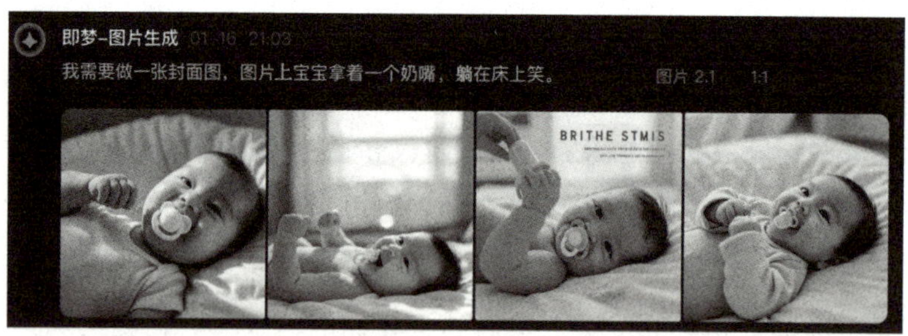

图1-23 向即梦发出生成图片的指令

图 1-24　即梦根据指令生成的图片

最后来总结一下，这个小节主要展现了用 AI 赋能小红书创作的八大场景。

从最开始的定位明确、账号起名，到后面的对标拆解、内容创作，这是一整套完整的小红书运营创作逻辑，也是每一位新手博主从 0 到 1 的必经之路。

从下一章节开始，我们将针对具体的细分场景和需求，详细讲解实操步骤和向 AI 发出具体指令的方法，正式开启 AI 小红书创作赢利之旅！

本节小结

全链路赋能：AI创作小红书的八大高频使用场景

场景一：AI高效定位法，站在巨人肩膀上，少走弯路。

场景二：用AI选取昵称，1秒生成10个优质账号ID。

场景三：用AI提示词拆解“爆款因子”，精准复制爆款笔记。

场景四：用AI提示词拆解对标账号，全方位分析账号。

场景五：AI布局三步走，教你快速整合优质爆款选题库。

场景六：1秒写10条！用AI快速创作点击率超高的神仙标题。

场景七：用AI爆款提示词，1分钟搞定10W+爆款文案内容。

场景八：AI“开挂”，如何快速丝滑制作高质量精美封面。

1.2 养号预备：如何用算法机制撬动账号冷启动?

1.2.1 算法机制大揭秘，实现流量冷启动

在这个信息爆炸的数字时代，小红书已经成为影响数亿用户消费决策和生活方式的内容高地。每时每刻，隐藏在平台里面的算法机制都在对海量的创作内容进行着筛选和曝光。

本节我们一起来解构小红书算法，剖析关键数据指标，帮你在看似复杂的规则迷宫中找到通往爆款的捷径。

与其他平台相比，小红书的算法有个鲜明特点，那就是它更注重内容本身的质量，而不是创作者的粉丝体量。这种“去中心化”的特质，让小红书成为普通人也能出圈的平台。

那么，这个算法具体是怎样的机制呢？下面我们来看一看。

当博主发送完一条笔记后，小红书的算法机制会根据这条笔记的内容，总结出一定的标签、关键词和主题，并把笔记推荐给对此标签感兴趣的用户，这是博主获取的初始流量。

接着，它会根据初始流量的反馈情况，来决定是否推荐到更大的流量池。如果收获到点赞、收藏、评论等正向互动，平台会持续将笔记推荐给更广泛的测试人群，否则将逐渐减少推荐，直到停止。

在小红书的算法中，有一个核心指标叫 CES（Community Engagement Score，社区参与度得分），也就是小红书给每种互动行为设定的不同“分值”，就像学校里的考试评分系统。让我们看看这个评分系统的具体权重分配（如表 1-2 所示）。

表 1-2　小红书评分系统权重分配表

互动类型	权重分值	互动难度	用户投入程度	对创作者的价值
点赞	1 分	低	轻度互动，仅需轻点一下	基础认可信号，数量大时有显著影响
收藏	1 分	中低	中度互动，表示内容值得保存回看	内容实用性和参考价值的重要指标
评论	4 分	中高	深度互动，需要思考并输入文字	提高内容活跃度，增加社区氛围
转发	4 分	中高	深度互动，愿意在社交圈为内容“背书”	扩大内容传播范围，带来新用户
关注	8 分	高	最高级互动，表示长期连接意愿	建立稳定粉丝基础，提高账号权重

从表 1-2 中可以看出，点赞和收藏就像是及格分，每个值 1 分；评论和转发则更像是优秀分，每个值 4 分；而关注则是满分表现，每个值 8 分。

这个评分系统告诉我们，小红书更看重那些能够建立深度连接的互动，而不仅仅是简单的“点赞之交”。

熟悉平台的流量运转逻辑，可以赋能我们的内容创作，实现更好的曝光。无论是刚刚入驻的新手创作者，还是已经积累了一定粉丝的资深博主，了解并掌握小红书的流量入口，都是实现其创作内容持续曝光的关键所在。

1.2.2　四大流量入口全解析，挖掘流量源头

接下来，我们将深入剖析小红书的四大流量入口，即发现页、搜索页、关注页和视频页。

让我们先通过表 1-3，直观地了解这四大流量入口的基本特点、用户行为和数据表现。

表 1-3 四大流量入口基本特点分析表

流量入口	发现页	搜索页	关注页	视频页
流量类型	兴趣流量	搜索流量	粉丝流量	兴趣流量
核心特点	根据用户兴趣爱好、浏览习惯推送内容，是平台最大的流量池	根据用户搜索关键词精准呈现内容，目的性强	基于社交关系，展示已关注博主的最新笔记	展示视频笔记，是平台流量倾斜区域
用户意图	探索发现、休闲浏览	解决特定问题、寻找特定信息	了解关注创作者动态	视觉体验、沉浸式消费
内容匹配机制	内容标签与用户兴趣标签匹配	关键词匹配、内容相关性排序	社交关系链推荐	视频内容标签与用户兴趣匹配
用户停留时长	中等	较短	较长	最长
互动倾向	多样化互动	目标导向互动	深度互动	沉浸式互动
转化特点	发现新创作者，建立初步兴趣	直接解决问题，购买意愿强	粉丝忠诚度高，持续关注	视觉冲击强，情感共鸣深
数据表现	曝光量大，互动率中等	曝光量适中，转化率高	互动率高，评论质量好	完播率关键，互动数据高

了解了这些基本特点，接下来我们将逐一深入分析每个流量入口，帮助你更好地把握它们的运作逻辑和优化方向。

▶ 一、发现页：兴趣流量的主战场

发现页是小红书的“内容万花筒”，也是平台最大的流量入口。作为大多数用户进入小红书后首先看到的页面（如图 1-25 所示），它会根据用户兴趣爱好、浏览习惯、搜索内容和关注情况，精心挑选各种符合用户偏好的内容。

图 1-25　小红书发现页

▶ 二、搜索页：精准流量的转化高地

当用户带着明确的目的和问题进入搜索框，他们期待找到的是能够直接解答疑问或满足需求的内容。这使得搜索页成为转化率最高的流量入口之一。

搜索页的最大特点是精准匹配。用户在搜索框中输入关键词，系统即会推荐与这些关键词最相关的内容。与发现页的被动推荐不同，搜索页是用户主动寻找信息的场所（如图 1-26 所示），所以用户意图更加明确，转化意愿也更强。

图 1-26　小红书搜索页

▶ 三、关注页：粉丝流量的稳定来源

关注页是小红书中最具社交属性的流量入口，它连接着创作者与粉丝，为创作者提供一个稳定的流量来源。与其他流量入口不同，关注页的流量更加稳定，是构建长期内容影响力的重要渠道。

关注页是向用户展示已关注博主的最新笔记的页面（如图 1-27 所示）。用户点击小红书底部导航栏中的“关注”按钮，就会进入这个页面。在这里，用户可以浏览所有已关注创作者的最新动态，包括他们发布的笔记、参与的活动等。

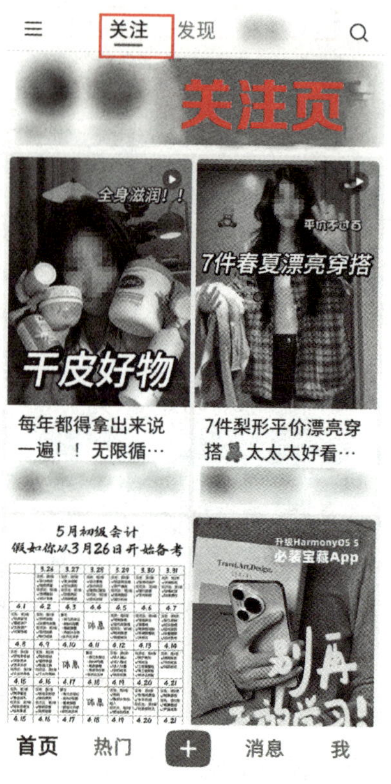

图 1-27　小红书关注页

▶ 四、视频页：兴趣流量的新增长点

视频页是小红书近年来重点发力的流量入口。小红书作为从图文笔记起家的平台，也开始注重视频板块的流量。

视频页是小红书专门展示视频笔记的页面（如图 1-28 所示）。用户可以通过点击首页“热门”进入视频页，浏览平台推荐的各类视频内容。

图 1-28　小红书视频页

本节小结

持续获得算法推荐的四大流量入口：

1. 发现页
2. 搜索页
3. 关注页
4. 视频页

第二章

AI 精准定位：

梳理商业模型，构建赢利路径

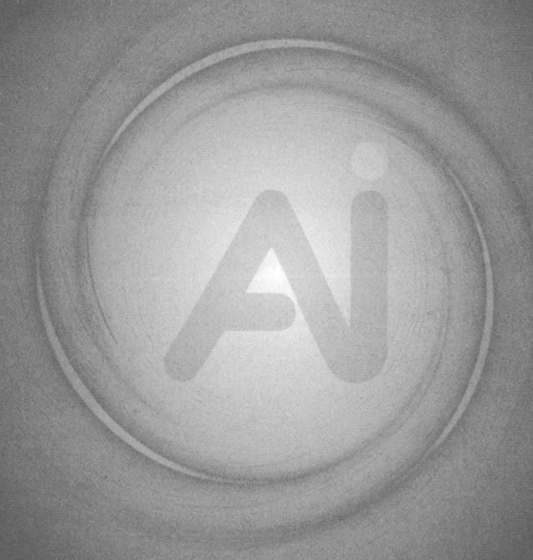

2.1 底层逻辑：为什么精准定位决定赢利上限？

小红书是一个内容高度垂直化、用户消费意图明确的平台，精准定位决定了账号的成长速度，更直接影响赢利的天花板。

如果没有清晰的定位，内容就会缺乏方向，粉丝群体无法稳定，品牌也难以精准投放广告，最终导致赢利能力受限。

本节将深入剖析精准定位对于赢利上限的核心影响，帮助创作者建立清晰的内容战略，以实现最大化的商业价值。

▶ 一、精准定位是自媒体赢利的核心支点

随着自媒体时代的到来，用户的注意力已经成为最宝贵的资源，而精准定位就是获取这部分注意力的关键。如果一个账号没有明确的定位，就像是一个没有方向的航船，内容散乱，粉丝群体不稳定，自然很难形成长期影响力。

从用户心理角度来看，精准定位的优势很明显。当账号聚焦在某个垂直领域，粉丝可以迅速理解账号价值，从而更快地做出关注决定，这不仅大大降低了用户的决策成本，还能建立深度信任，因为用户对精准领域的内容更容易形成依赖。

比如，小红书上爆火的“美妆护肤”赛道，许多时尚博主都在分享护肤，“成分护肤师七七”和“原不圆（垮脸护肤版）”等博主能够精准定位到“成分护肤”“干敏皮护肤”“护肤抗老”等细分赛道（如图 2-1 所示），从而实现了更快出圈，更容易地获得了用户关注，达成品牌合作。

图 2-1　精准定位细分赛道

▶ 二、精准定位能吸引高质量粉丝群体

在小红书上，粉丝的数量固然重要，粉丝的精准度和消费能力更重要。如果你的粉丝群体过于杂乱，即使有几十万名粉丝，可能也难以实现高赢利。

例如，一个既发美妆内容又发健身内容的账号，很难吸引忠诚度高的粉丝；而一个专注于“敏感肌护理”的博主，则可以精准聚焦目标人群，从而提升品牌合作的溢价能力。这恰恰说明，精准定位可以吸引高质量群体，如表 2-1 所示。

表 2-1　精准定位以吸引高质量群体

定位方式	粉丝质量	品牌合作机会	变现方式
无明确定位，内容杂乱	粉丝兴趣分散，互动率低	品牌合作难以精准匹配	赢利方式有限，带货转化率低
明确的垂直领域，如“皮肤护理”“职场穿搭”	受众明确，忠诚度高	品牌合作精准，报价更高	课程、带货、广告等多元化赢利
细分垂直领域深耕，如“敏感肌护理”、“小个子职场穿搭”	精准人群，用户黏性极高，复购率高	吸引品牌长期合作，议价能力更强	个人 IP、联名产品等高端赢利方式

▶ 三、精准定位能实现更高价的品牌投放合作

品牌投放策略高度依赖于创作者的精准定位。数据显示，品牌在选择 KOL 或者 KOC（某个领域的关键意见领袖，一般指小红书的自媒体达人）时，更倾向于与定位清晰、粉丝画像精准的博主合作。

以“孕期护肤”为例，一个专注于孕期护肤的博主，即便粉丝只有 5 万名，但因为粉丝高度精准，护肤品牌的合作报价可能比一个有 10 万名粉丝但内容杂乱的博主更高。

因为精准的受众匹配可使品牌的 ROI 更高，所以品牌方愿意支付更高的合作费用。这也告诉我们，要做好精准定位和垂直内容，细分到具体的内容领域，更容易获得品牌方的青睐。

本节小结

为什么精准定位决定赢利上限?

1. 精准定位是自媒体赢利的核心支点。
2. 精准定位能吸引高质量粉丝群体。
3. 精准定位能实现更高价的品牌投放合作。

2.2 黄金定位“铁三角”：精准塑造账号差异化竞争力

2.2.1 商业定位：选择细分赛道，搭建最佳赢利路径

▶ 一、什么是商业定位?

在小红书运营中，商业定位是绝对的核心与基石，有着不可替代的重要性，它为账号指明了核心的赢利方向。如果没有清晰的商业定位，账号内容便会毫无逻辑、杂乱无章，自然难以吸引目标受众。

同时，商业定位决定了账号目标，帮助运营者制定合理的运营策略，有条不紊地推进工作。另外，它还能帮助账号运营者精准锁定服务对象，毕竟小红书用户需求各不相同，唯有明确受众，内容创作才能直击痛点。

那该怎么找到自己账号的商业定位呢？接下来给大家详细展开。

▶ 二、账号定位“黄金三步法”

首先，明确自己的行业赛道。

在选择赛道时，很多人会陷入一个误区：盲目追随热门领域，却忽略了自身的优势和市场的真实需求。事实上，寻找高赢利潜力的细分领域并不是简单地“追风口”，而是需要从多个维度进行系统分析。

热门赛道虽然需求大，但竞争也异常激烈。例如，母婴赛道已经高度饱和，新账号很难脱颖而出。相比之下，一些细分领域（如“过敏儿护理”“儿童追高”等）虽然市场规模较小，

但竞争少，如图 2-2 所示的“营养师华妃子”这种类型的博主反而更容易建立影响力。

所以，商业定位的核心是明确“为谁提供什么服务”。

例如，你是一名注册营养师，你的商业定位可以是“帮助 1 万名孩子和 1 万个家庭，通过科学饮食和健康管理，实现孩子长高和身体强壮的目标，倡导预防大于治疗的理念”。

这个定位清晰地界定了你的服务对象（孩子和家庭）、服务内容（科学饮食和健康管理）以及核心价值（预防大于治疗）。

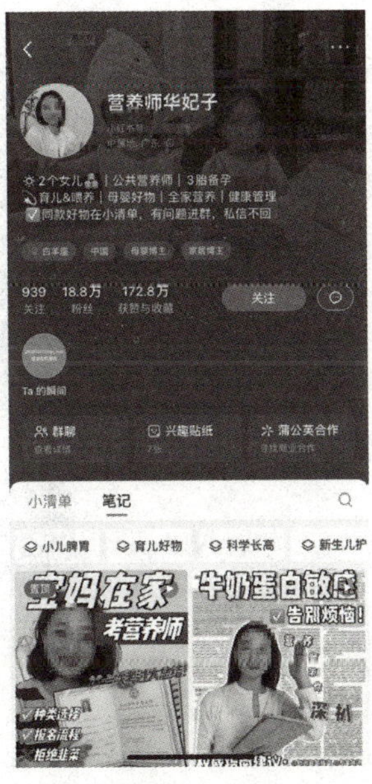

图 2-2 账号定位细分领域

你的使命、愿景、价值观、专业背景、属性、服务人群用一句话就全概括了。你的赢利路径就是“带货 + 知识付费”，双管齐下。

再来看这个素人博主“十一妈妈 Melody”（见图 2-3），虽然她的粉丝量不高，但是商业定位很精准——专注过敏儿群体。她在简介和商品里植入自己的服务，完成从素人经验分享→后端产品搭建的商业转型，以自己的情况辐射同类宝妈，帮助更多过敏儿童，从而实现月入过万元。

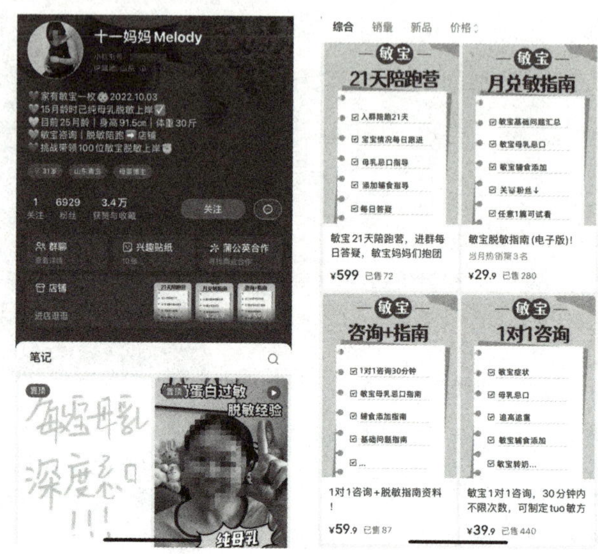

图 2-3　账号定位细分领域

怎么找到自己的一句话定位呢？

第一步：明确你的专业背景和核心优势

商业定位的核心是“为谁提供什么服务”，而“提供什么服务”取决于你的专业背景和核心优势。

（1）列出你的专业背景，包括学历、工作经验、技能特长等。例如：你是注册营养师、心理咨询师、职业教练，或者你擅长摄影、穿搭、美食制作等。

（2）挖掘你的核心优势。你在某个领域是否有独特的经验或资源？例如：你是否拥有护肤品成分的专业知识？是否在职场发展方面有丰富经验？

（3）评估市场需求。你的专业背景和核心优势能否解决某个市场的需求？例如：AI 短视频是否为一个有潜力的细分领域？毕业季职场发展是否为一个热门话题？

下面以三种不同的职业身份来举例，如表 2-2 所示。

表 2-2　三种不同职业身份核心优势与市场需求分析

身份定位	专业背景	核心优势	市场需求
注册营养师	营养学	儿童营养和健康管理	家长对孩子身高和健康的关注
情感咨询师	心理学	脱单相亲婚恋情感分析和找到对的人领证	24～35 岁单身女性对相亲婚恋问题的关注
盖洛普优势教练	职业发展	盖洛普优势测评	职场人对职业突破和个人成长的关注

再如情感博主“心理师周洋帆”（见图 2-4），他把情感恋爱问题溯源到心理类某个细分领域的问题，商业定位从单纯解决恋爱问题升级到关注心理问题，会吸引更多的女生为他的专业性付费。

第二步：描绘你的目标画像

基于自己的优势，就可以确定目标用户群体。

第一步，分析用户画像。

你的目标用户是谁？他们的年龄、性别、职业、兴趣爱好是什么？例如，儿童营养账号的目标用户可能是 25～40 岁的家长，情感咨询账号的目标用户可能是 20～40 岁的女性。

第二步，挖掘用户痛点。

你的目标用户有哪些核心需求或痛点？例如，家长可能关注孩子

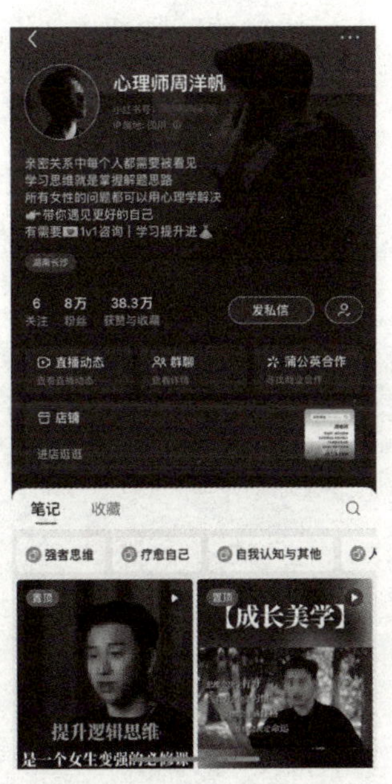

图 2-4　心理博主商业定位升级

的身高和健康，女性可能关注结婚问题和自我成长。

第三步，评估用户规模。

你的目标用户群体是否足够大？是否有持续的需求？例如，儿童营养和情感咨询都是具有较大市场规模和持续需求的领域。

我们仍以之前的职业身份来进行演示，如表 2-3 所示。

表 2-3　职业身份画像

身份定位	目标用户	痛　点	用户规模
注册营养师	25 ～ 45 岁的家长	孩子的身高和健康	用户规模较大且需求持续
情感咨询师	24 ～ 35 岁的女性	情感问题和自我成长	用户规模较大且需求持续
盖洛普优势教练	22 ～ 45 岁的职场人	职业瓶颈和个人成长	用户规模较大且需求持续

比如营养师博主“儿童营养师燕紫”（见图 2-5），她的用户就是 0 ～ 12 岁的小朋友，她专门帮助这些小朋友解决食物不耐受和消化方面的问题。

第三步：设计你的核心服务和赢利路径

服务目标和服务对象有了，那找到商业定位的第三步就是设计你的核心服务项目和赢利路径。核心服务项目需要围绕目标用户的需求设计，赢利路径需要与核心服务相匹配。我们可以按照三个维度去思考。

1. 设计核心服务

你的目标用户需要什么服务？例如，家长可能需要儿童营养食谱和健康管理方案，女性可能需要情感咨询服务和自我成长课程。

2. 选择赢利模式

你的核心服务适合哪种赢利模式？例如，营养师可以通过讲授课程、提供咨询或产品带货赢利，情感咨询师可以通过一对一咨询或提供情感课程赢利。

3. 评估赢利潜力

你的赢利路径是否有足够的利润空间？能否持续赢利？例如，儿童营养课程和情感咨询课程都是具有较高利润空间和持续赢利能力的模式。

以上述三个职业身份为例，我们可以设计对应的赢利路径，如表 2-4 所示。

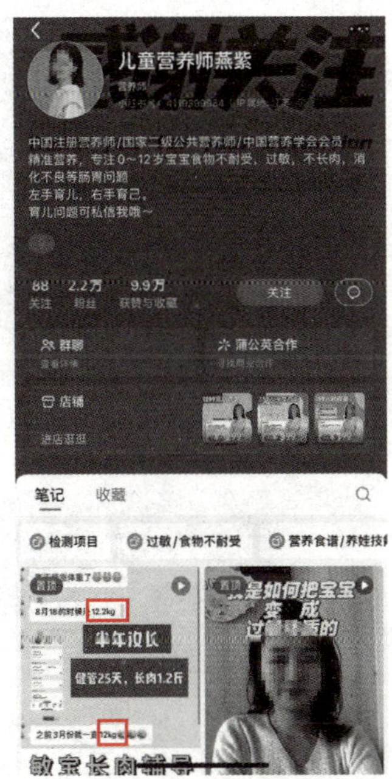

图 2-5　母婴赛道商业定位升级

表 2-4　不同职业身份赢利示例

身份定位	核心服务	变现模式
注册营养师	儿童营养食谱、健康管理方案	营养课程或健康产品带货
情感咨询师	情感咨询、自我成长课程	一对一咨询或情感课程
盖洛普优势教练	优势测评、职业发展指导	优势测评服务或职业发展课程

比如盖洛普博主“柳大讲优势”（见图 2-6），他的三个产品非常清晰——低门槛的社群，中门槛的报告解读，以及最高门槛的陪跑。

图2-6　优势教练赛道商业定位升级

总结以上的内容，找到自己的商业定位需要三个关键步骤：

（1）明确你的专业背景和核心优势。

（2）确定你的目标用户群体。

（3）设计你的核心服务和赢利路径。

通过这三个步骤，就可以制定出清晰、精准的商业定位，为小红书账号的长期发展奠定坚实基础。但商业定位并不是永久不变的，可以根据数据反馈慢慢调整、优化，最终找到适合自己的定位。

一个细分领域有否赢利潜力，首先要看它是否真正解决了用户的痛点。例如，小红书上的“母婴用品测评”赛道之所以火爆，是因为新手妈妈们在面对海量产品时，迫切需要真实、可靠的使用建议。

所以，在实践中，我们要把用户放在最前面，时刻洞察自己赛道的用户痛点。

那怎么找到自己赛道的用户痛点？给大家提供了一个维度清单。

（1）你的客户是谁？（谁会看你笔记）

（2）你的产品卖点？（谁会为你的笔记买单）

（3）不同场景下的痛点是什么？

（4）找到你产品的优点。

（5）优点的反义词，即产品的浅层痛点。

（6）浅层痛点给用户带来什么样的坏处？

比如冬天天气比较冷，一些肚子有肉的女生穿毛衣打底的时候，就会担心臃肿。那你可以考虑选择微胖女生穿搭这个赛道。

比如涂完护肤品不到半天，整张脸都干燥到不行，皮肤粗糙得男朋友都不愿意贴贴。那你可以考虑选择干敏皮护肤这个赛道。

比如想推荐低脂面包，你直接讲成分表很难激发购买欲望。那你可以考虑选择小基数快乐减肥这个赛道。

痛点越精准，赛道越有高赢利潜力。精准的痛点定位不仅能够直击用户的核心需求，还能吸引高质量的目标用户，形成强烈的共鸣和信任感。

如图 2-7 所示，我的一位写作赛道的小红书私教学员“爱写作的哎呀妈”，就是以自己过往“各大平台爆文作者”的身份经历，专注于帮助职场人士和宝妈靠写作提升价值，开设了写作训练营和写作私教等知识付费产品，成功赢利 70 万元。

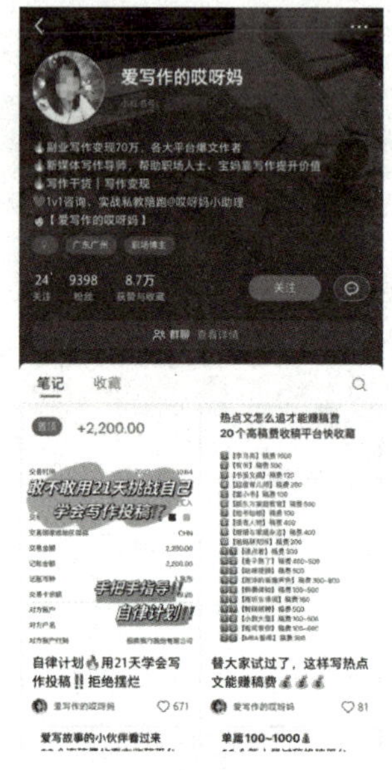

图 2-7　写作赛道商业定位升级

当内容能够切实解决用户的具体问题时，用户的参与度和忠诚度会显著提升，从而为账号带来更高的转化率和赢利效率。

找到并深耕用户的精准痛点，是账号实现长期发展和商业成功的关键。只有真正理解用户的需求，并提供切实可行的解决方案，才能在竞争激烈的市场中脱颖而出，建立起可持续的赢利生态。

本节小结

如何做好商业定位，搭建赢利路径？

1. 明确你的专业背景和核心优势。
2. 描绘你的目标画像。
3. 设计你的核心服务和赢利路径。

2.2.2　人设定位：打造独特记忆点，形成个人品牌

商业定位、人设定位和内容定位是账号运营的三大核心环节。

商业定位决定了你的服务方向和服务对象，人设定位帮助你打造差异化，内容定位通过具体案例和方法帮助用户解决问题。只有将这三大环节紧密结合，才能打造一个具有竞争力和赢利能力的账号。

这一节我们就来说一下如何打造独特的记忆点，形成个人品牌的人设定位。

▶ 一、什么是人设定位

小红书商业大会表示，2025 年的关键趋势之一就是“一定要做好人设”。这一趋势不仅适用于大品牌，对于每一个希望在小红书上取得成功的小商家或个人博主同样重要。你必须有一个让用户喜欢的人设，才有可能给用户种草，最后促成下单。

图 2-8　育儿赛道人设定位

这就如同每个人在社会上都有不同的性格和身份。比如在公司，你可能是个严肃的领导；回到家，你可能是个温柔的父亲；见到父母，你可能是个孝顺的儿子；出去玩，你可能是个仗义的兄弟。

比如“鱼儿爸”博主（见图 2-8），他在小红书的身份就很

清晰：我是我家孩子鱼儿的爸爸。我在小红书分享我是怎么做一个“95 后”奶爸的。

做账号同样需要性格和身份。当用户浏览你的文字或图片，能感受到账号背后是真实的人在运营，能体会到笔记字里行间的温度。

▶ 二、如何形成独特的个人品牌

自媒体的很多东西都是可以复制的，无论是爆款选题、封面设计，还是视频脚本，你能做的，我也能做，表面上看起来似乎没有太大差别，然而，人设定位中的个人品牌价值差距甚大。

同样的封面、文案和选题，一个拥有鲜明人设和强大个人品牌的 IP，往往能够吸引更多的用户并产生更强的黏性。因为用户不仅仅是在消费内容，更是在认同和追随内容背后那个真实、独特且有温度的人。人设好的 IP 能够通过个人魅力、专业性和情感共鸣，在激烈的竞争中脱颖而出。

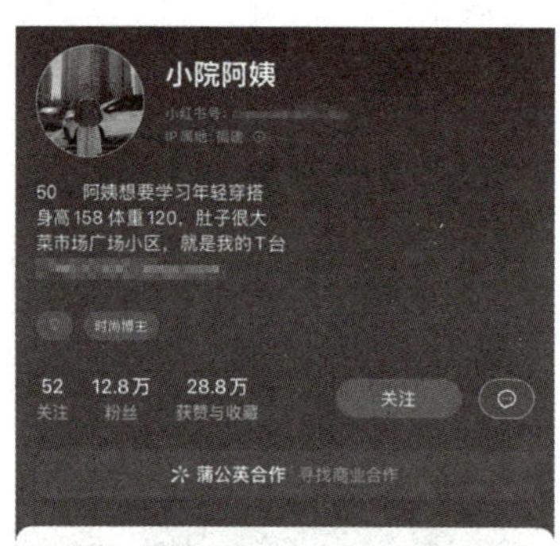

图 2-9　穿搭赛道人设定位升级

比如“小院阿姨”博主（如图 2-9），在穿搭赛道中另辟蹊径，将年轻人的衣服穿在自己身上，吸引的是想穿不敢穿的 40 ～ 50 岁女性。

那怎么形成独特的个人品牌呢？给大家分享如表 2-5 所示的个人优势自测表。

表 2-5　个人优势自测表

个人优势自测表	
问自己	问他人
我认为自己有哪些优势？（写出 3 ～ 5 个关键词）	你曾经看到我做过哪件事情让你印象深刻？
我最常听到别人夸我的词是什么？（写出 3 ～ 5 个关键词）	你觉得我身上有什么不同于别人的特质？
我的特长是什么？我的兴趣爱好是什么？它们之间有结合点吗？	你最欣赏或者佩服我的方面是什么？
我能够教别人什么？或者别人常常向我请教什么？	在你看来，我做什么事情的时候看起来最顺心开心？
……	……

另外，打造一个成功的人设不仅仅是简单地展示自己，而是要通过系统化的分析明确“你是谁”以及“你能给用户带来什么价值”。

人设四要素的分析正是为了帮助创作者清晰定位，并通过身份标签、性格特点、视觉符号和价值承诺这四个维度构建一个立体、鲜明且具有吸引力的人设。这种分析不仅能让用户快速理解你的定位，还能通过情感链接和价值输出增强用户的信任感和黏性。

具体来说，身份标签回答了“你是谁”的问题，帮助用户快速识别你的专业领域和背景；性格特点则通过情感化的表达，让你的人设更加鲜活，拉近与用户的距离；视觉符号通过视觉化的记忆点，强化用户对你的认知；价值承诺则直接回答了“你能给什么”的问题，明确了你为用户提供的核心价值。

通过四要素分析，你可以打造一个既专业又有温度的人设，从而在小红书平台上脱颖而出，吸引更多目标用户的关注和追随。

从“你是谁”到“你能给什么”，人设四要素模板如表 2-6 所示。

表 2-6　人设四要素模板

案　例	身份标签	性格特点	视觉符号	价值承诺
保险赛道	专业保险人，全家人通过保险受益	理性严谨+偶尔幽默吐槽	西装+黑板+固定拍摄场景	跟着我，帮你资产翻倍，全家有保障
减肥博主	自己从 160 斤逆袭到 100 斤，从自卑敏感到事业爱情双丰收	大大咧咧，阳光亲切	家庭健身房	我可以瘦下来，你也可以成功逆袭
婚纱照博主	专业摄影师，擅长情绪捕捉	人狠话不多，纪实风格	摄影师特定服装出镜	一生一次的照片，让我帮你记录

▶ 三、怎么找到自己的独特记忆点

找到了个人品牌，该怎么打造独特记忆点呢？

以“退休的萍萍姐姐”为例（见图 2-10），她的人设真实而优雅。这个账号给读者的第一感觉，不是博主多厉害或多有钱，而是她真实地过着很多人理想中的生活。

再如学习博主“静静教主”（见图 2-11），她日常分享各种学习干货、数码软件、生活好物，不出镜的神秘少女形象就是她独特的标签。

图 2-10 女性成长人设定位升级

图 2-11 学习赛道人设定位升级

我们可以从哪些方面来寻找和打造自己的专属记忆点呢？

1. 找到“我有你无”的点

如果你想在小红书上卖茶叶，你会以什么样的人设来运营这个账号？

给自己5秒钟思考，可能你已经有了一些想法。但我要提醒你，不要以一个“普通茶客”或“茶叶爱好者”的视角来分享茶叶知识。单纯以“普通茶客”和“干货知识”来做账号，只会让你的账号转化率低，变得缺乏吸引力。

相反，你可以尝试打造一个“茶厂老板女儿”的人设，分享自己帮爸爸经营茶厂的故事，展示茶叶从种植、采摘到制作的整个过程，甚至可以推出一些微瑕但性价比极高的茶叶产品。

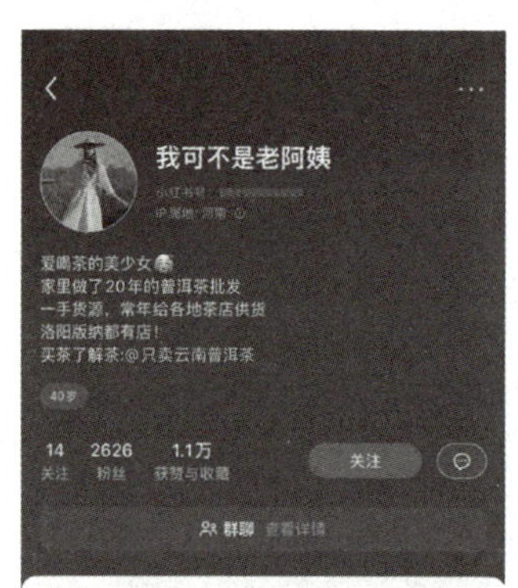

图 2-12　茶叶赛道人设定位升级

比如“我可不是老阿姨”博主（见图2-12），就从最接地气的卖她爸厂里的茶叶开始了小红书运营之旅。

为什么这样设计？仔细观察一下小红书上的茶叶商家，你会发现大多数商家都在强调自己的茶叶“稀有”“高端”“珍贵”。如果你也走同样的路线，很难在竞争中脱颖而出。不如换个思路，避开正面竞争，走差异化路线。

当前市场整体消费结构调整，拼多多的市值甚至超过了淘宝，这说明消费者越来越注重性价比。如果你还在强调茶叶有多“贵”，显然不符合当下的消费趋势。不如反其道而行之，别人强调“贵”，你就强调“性价比”。

通过打造一个“茶厂老板女儿”的人设，分享茶叶从种植到成品的过程，让用户感受到茶叶的真实价值和背后的故事，同时推出一些高性价比的产品，满足消费者对高品质和低价格的双重需求。这样不仅能吸引更多用户关注，还能在竞争激烈的市场中找到自己的独特定位。

2. 打造专属主页风格

主页是塑造账号独特性和吸引用户停留的关键。一个风格统一、视觉协调的主页，不仅能提升账号的专业感，还能让用户一眼就记住你。对于穿搭博主来说，主页风格的设计尤为重要，因为它直接传递了你的内容定位和品牌形象。

比如穿搭博主“是西西吖”（见图 2-13），她的主页封面全部采用同色系背景下的全身穿搭展示，每张封面图保持一致的构图和滤镜风格。这种统一的视觉设计会让用户快速了解博主的审美调性。“浅春系”的柔和配色、基础款的简约搭配，或是节日穿搭的亮眼细节，无不体现博主清晰的个人标签，吸引目标受众的关注。

图 2-13　穿搭博主案例

打造主页也有一定的技巧，

这里和大家分享三点。

第一，封面统一。

比如，美食博主可以把每道菜在暖光灯下的特写作为封面，每张封面的构图、色调和风格保持一致。这种统一的封面设计，会让用户一点开主页就感受到温馨的厨房家常氛围。

第二，配色协调。

选择一种主色调作为主页的基础色，比如温暖的米色、浅粉色或淡蓝色，这些颜色能够传递出柔和、亲切的感觉，符合育儿内容的调性。

第三，排版一致。

在内容的排版上，可以采用统一的标题样式、字体字号和图片比例，让整个主页看起来整洁有序，提升用户的浏览体验。

本节小结

如何做好人设定位，形成个人品牌？

一、使用优势自测、人设要素等表格工具梳理人设定位。

二、找到自己的独特记忆点

1. 找到“我有你无”的点
2. 打造专属主页风格

2.2.3 内容定位：匹配用户需求，塑造账号价值

内容定位是小红书账号运营的核心环节，它决定了你将通过什么样的内容形式、风格和主题来吸引目标用户，并实现商

业目标。

很多博主在账号运营初期往往陷入方向不明的困境，浪费了大量的时间和精力，却未能吸引到足够的粉丝。对于新手而言，内容方向的选择不仅决定了创作的可持续性，还直接关系到能否吸引到精准的受众群体。

▶ 一、明确内容的核心主题，匹配用户需求

内容的核心主题需要与你的商业目标和人设定位高度契合。

如果你是母婴博主，核心主题可以是“育儿经验分享”“母婴好物推荐”或“宝妈生活日常”。如果你是健身博主，核心主题可以是“减肥逆袭故事”“居家训练教程”或“健康饮食计划”。如果你是茶叶博主，核心主题可以是“茶叶知识科普”“茶文化分享”或“高性价比茶叶推荐”。

核心主题可以让用户一下就知道你的账号是做什么的，并被吸引到对你感兴趣的目标群体。

另外，还需要关注不同用户的特定需求。例如，关注护肤的用户，可能关心产品成分解析、敏感肌护理、平价替代推荐等内容；关注个人成长的用户，则可能更偏好时间管理、读书笔记、效率工具推荐等话题。

因此，一个成功的账号往往会围绕某个细分领域深耕，建立清晰的内容结构，让用户在浏览账号时能够一目了然。

比如拍照博主“卡卡宝贝贝”（见图 2-14），她分享的内容主要是围绕普通女生如何拍得好看，如何通过拍照来放大自己的美貌。

图 2-14　摄影博主商业定位升级

在对标过程中，成功博主的内容定位策略可以提供重要的参考。

假如你是一个美妆博主，在对过往产品的分析中发现，平台上获得高赞的内容往往不是全妆，而是底妆和通勤妆。那你就可以结合自身的独特性，把定位细分到“素颜妆”这一层面。这样你就可以尝试把内容的重心转向“自然美”这一细分领域。这不仅关注到了市场上已有的需求，还通过对标成功博主的内容方向，明确了创作特色和差异化策略。

此外，博主在内容规划上也需要灵活应对。小红书的相关数据显示，约 80% 的热门内容都围绕时下流行的趋势话题进行创作。优质的小红书博主通常会根据平台热点、节令变化或用户需求的波动，动态调整自己的内容方向。

比如，一位专注于穿搭的博主在冬季到来前便会规划出“温暖穿搭”系列，而在春季到来前则会专注于“春季新品推荐”。这种灵活的内容规划和定位策略，让博主能够在不同的时间段吸引到更多流量，保持内容的热度和吸引力。

如果你是一个职场博主，想知道自身的内容优化方向，那就通过对标，结合表 2-7 所示的 4 个步骤，给自己精准匹配内容方向吧。

表 2-7 精准匹配内容表

内容策略	作用	示例
确定目标人群	明确用户是谁，他们的核心需求是什么	18 ～ 25 岁大学生，关注求职与面试技巧
分析竞品账号	找到对标账号，看他们的爆款内容方向	观察热门求职博主的高互动笔记
测试不同内容类型	通过 A/B 测试，找出粉丝更喜欢的内容	“面试技巧”比“职场心理”更受欢迎
优化并持续深耕	选择一个最有潜力的方向，长期输出	深耕“简历优化”+“面试实战”

精准的内容定位不仅能帮助博主稳定涨粉，还能提升粉丝的留存率和互动率，使账号更具商业价值。

▶ 二、设计内容的表现形式，塑造账号价值

根据你的商业目标和人设定位，选择适合的内容形式。

小红书内容形式多样。第一种是图文笔记，适合知识分享、产品推荐和干货输出；第二种是视频笔记，适合教程类、生活记录和情感共鸣类内容；第三种是直播，适合实时互动、产品展示和答疑解惑。

如果你的商业目标是带货，可以多采用短视频和直播方式来直观展示产品特点。如果你的商业目标是知识付费，可以多采用图文笔记方式系统化输出专业知识。

确定了内容形式，接下来就可以将内容栏目化，建立清晰的内容框架，增强用户的期待感和黏性。

固定栏目：每周更新一次，比如“周一好物推荐”“周五茶文化分享”。

系列栏目：围绕一个主题展开多期内容，比如“7天减肥计划”“茶叶知识100问”。

互动栏目：定期与粉丝互动，比如“粉丝问答”“收集大家感兴趣的问题”。

在内容规划中，结合热点和用户需求可以提升内容的曝光率和吸引力。

热点话题：比如节假日、季节变化、社会热点等，可以围绕这些话题策划相关内容。

用户痛点：比如针对目标用户的常见问题，提供解决方案或建议。

根据以上提到的规划，接下来以一个茶叶博主为例，看看如何规划一篇笔记，如表2-8所示。

表2-8 茶叶博主笔记规划表

核心主题	茶叶知识科普＋用户案例故事＋高性价比茶叶推荐
表现形式	图文笔记（知识科普）＋短视频（茶叶冲泡教程＋日常用户咨询案例）＋直播（茶叶品鉴）
栏目化结构	
周一、周二	茶叶知识科普（图文）

续表

周三、周四	茶叶冲泡教程 + 用户咨询案例植入（短视频）
周五、周六	高性价比茶叶推荐 + 真实茶叶制作现场（直播）
差异化亮点	以“茶厂老板女儿”的视角，分享茶叶背后的故事，并用轻松幽默的语言讲解茶知识
热点与需求结合	春季：结合节气，推荐适合春天饮用的茶叶 节假日：推出节日礼盒和谈婚论嫁上门礼盒

再如珍珠博主“老周珍珠”（见图 2-15），真人出镜，从自己的故事，到珍珠科普专栏，再到粉丝故事，每一个栏目都能增强粉丝的黏性。

图 2-15　珠宝赛道商业定位

本节小结

如何做好内容定位，塑造账号价值？

1. 明确内容的核心主题，匹配用户需求。
2. 设计内容的表现形式，塑造账号价值。

2.3 AI智能定位诊断：站在巨人肩膀上，迅速收获高价值定位

传统定位需要大量时间试错和积累经验，而AI智能定位诊断可以帮助创作者快速找到最适合自己的高价值方向。

本节将详细介绍如何借助AI技术，站在巨人的肩膀上，迅速确定个人价值最大化的账号定位。

▶ 一、AI定位诊断：基础提示词构建

在使用AI进行定位诊断时，很多创作者常犯的错误是提供的信息过于笼统。比如简单输入“帮我完成小红书账号的定位”这样的要求（见图2-16），AI无法了解你的具体情况，自然也无法给出针对性的建议。

这种模糊的提问就像去医院看病时只告诉医生“我不舒服”，而不说明具体症状和病史，医生自然难以给出准确诊断。同样，AI需要足够的背景信息才能提供有价值的定位建议。

▶ 二、构建AI定位提示词的三大要素

那么，合格的AI定位提示词应该如何构建呢？通过基础定位的框架分析，我们可以提炼出AI定位法构建提示词的三大要素：身份任务、人群需求、限制范围。

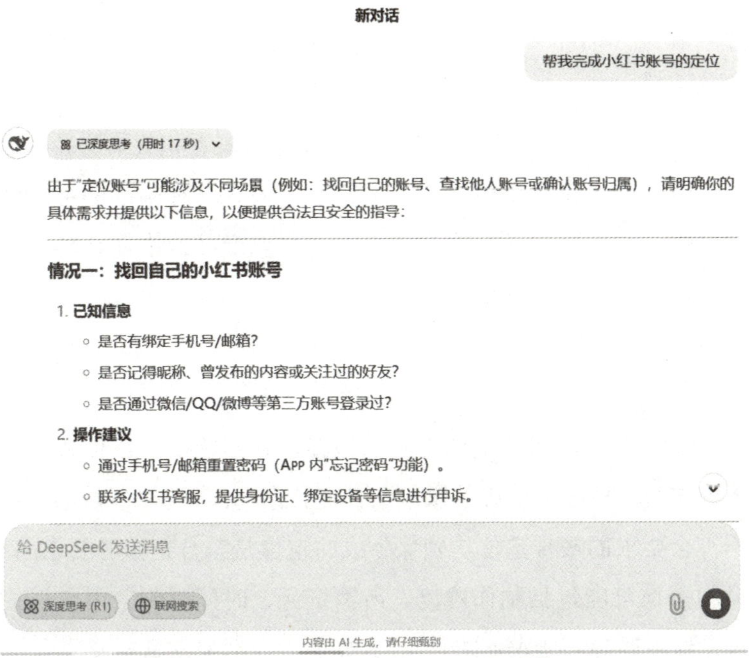

新对话

帮我完成小红书账号的定位

已深度思考（用时 17 秒）

由于"定位账号"可能涉及不同场景（例如：找回自己的账号、查找他人账号或确认账号归属），请明确你的具体需求并提供以下信息，以便提供合法且安全的指导：

情况一：找回自己的小红书账号

1. **已知信息**
   - 是否有绑定手机号/邮箱？
   - 是否记得昵称、曾发布的内容或关注过的好友？
   - 是否通过微信/QQ/微博等第三方账号登录过？
2. **操作建议**
   - 通过手机号/邮箱重置密码（App 内"忘记密码"功能）。
   - 联系小红书客服，提供身份证、绑定设备等信息进行申诉。

给 DeepSeek 发送消息

深度思考 (R1)　联网搜索

内容由 AI 生成，请仔细甄别

图 2-16　AI 生成定位

要素一，身份任务：做什么事情，什么赛道和领域

身份任务是 AI 账号定位的起点，它回答了“谁在做什么”的问题。不同的身份背景会带来不同的专业视角和内容价值。例如，一位医生谈护肤和一位普通护肤爱好者谈护肤，尽管主题相同，但内容深度和可信度是完全不同的。

设定身份任务应尽可能具体，包括专业背景、从业经验、特殊技能等。比如，“具有 5 年经验的皮肤科医生”会比简单的“护肤博主”更具说服力。

要素二，目标用户需求：年龄、喜好、关键词拓展

目标用户需求是 AI 定位的核心，它回答了“为谁创作”的

问题。在小红书这样的平台上，精准的用户定位至关重要。通过明确用户的年龄、兴趣爱好、消费能力、知识水平等特征，AI 能够生成更契合目标受众需求的定位。

例如，25 ～ 35 岁的女性可能更关注抗衰老和效果明显的护肤产品，而不仅仅是价格便宜的产品。通过这种精准的用户画像分析，我们可以调整内容重点，从强调产品价格便宜转变为强调产品的抗衰老功效。

要素三，限制范围：我不要什么，我不希望出现在输出结果里面的元素

限制范围是账号定位内容的边界，它回答了“在什么条件下创作”的问题。明确的限制条件能帮助 AI 过滤掉不切实际或不符合要求的账号定位，确保生成的定位是符合创作者要求的。限制条件可能包括制作难度、所需资源、时间限制、内容形式等。这些明确的要求能防止 AI 搭建的内容框架偏离轨道。

以上三种框架，能够帮助 AI 从“经验驱动”转向“数据驱动”的分析模式，提供更加科学、精准的定位建议。就像一位营养师需要了解你的身体状况、饮食习惯和健康目标之后，才能为你制订个性化的饮食计划一样，AI 也需要全面了解你的情况才能给出最适合你的定位建议。

假如你是一个具备五年工作经验的 HR，想用 AI 辅助你进行小红书定位，就可以这么向 AI 提问：

【身份任务】你是一个小红书笔记专家，请帮我分析适合我的小红书账号定位

【我的背景】职场 HR，5 年互联网公司招聘经验，擅长校园招聘和员工培训

【目标用户】25 ～ 35 岁求职者和职场新人

【限制范围】3 个潜在定位方向，每个方向包含核心价值主张和差异化角度

图 2-17 是 DeepSeek 根据你的提问给出的三个定位。

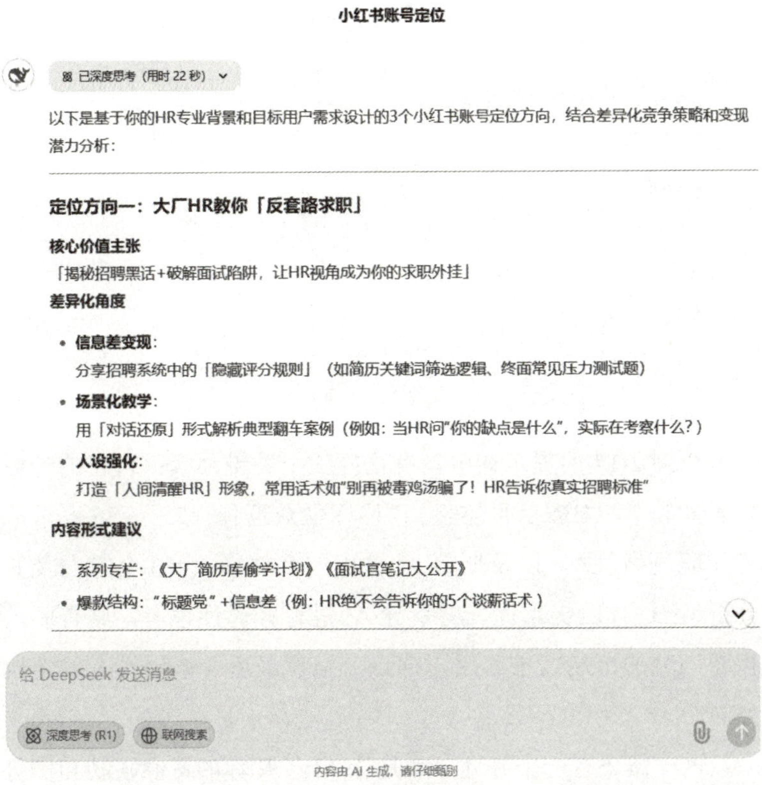

小红书账号定位

已深度思考（用时 22 秒）

以下是基于你的HR专业背景和目标用户需求设计的3个小红书账号定位方向，结合差异化竞争策略和变现潜力分析：

定位方向一：大厂HR教你「反套路求职」

核心价值主张

「揭秘招聘黑话+破解面试陷阱，让HR视角成为你的求职外挂」

差异化角度

- **信息差变现**：
  分享招聘系统中的「隐藏评分规则」（如简历关键词筛选逻辑、终面常见压力测试题）
- **场景化教学**：
  用「对话还原」形式解析典型翻车案例（例如：当HR问"你的缺点是什么"，实际在考察什么？）
- **人设强化**：
  打造「人间清醒HR」形象，常用话术如"别再被毒鸡汤骗了！HR告诉你真实招聘标准"

内容形式建议

- 系列专栏：《大厂简历库偷学计划》《面试官笔记大公开》
- 爆款结构："标题党"+信息差（例：HR绝不会告诉你的5个谈薪话术）

给 DeepSeek 发送消息

深度思考 (R1)　联网搜索

内容由 AI 生成，请仔细甄别

图 2-17　AI 生成定位回答

小红书账号定位

定位方向二：职场新人「避坑教练」

核心价值主张

「从劳动合同到向上管理，手把手教你守住职场生存底线」

差异化角度

- **风险预警系统**：
  聚焦25～35岁高频职场纠纷（如“试用期被辞退如何取证”“绩效打低分的法律救济路径”）
- **工具化输出**：
  提供可直接套用的SOP模板（“反PUA话术库”“加班拒绝话术颗粒度拆解”）
- **信任背书**：
  结合真实仲裁案例解读（隐去敏感信息），强化专业权威感

内容形式建议

- 系列专栏：“职场法务急救箱”“那些年我带员工仲裁的案例”
- 视觉设计：多用红色警示图标+对比表格呈现「正确Vs错误操作」

定位方向三：互联网「职业规划特工」

核心价值主张

「用HR的岗位数据库，帮你找到高薪不内卷的职业蓝海」

差异化角度

- **数据驱动决策**：

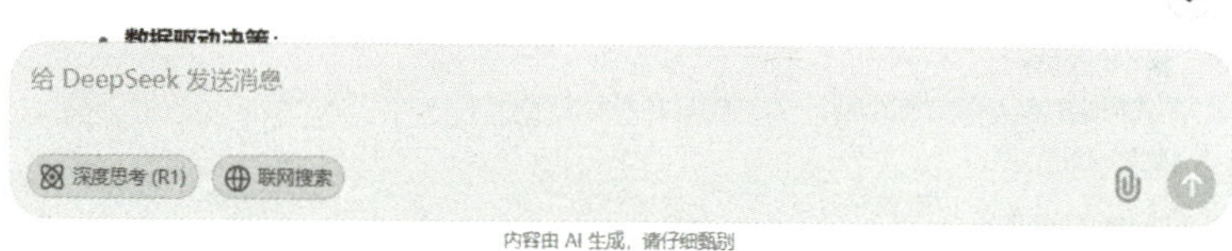

图 2-17 （续）

在图 2-17 的提示词中，有这样三个关键要素：自己的专业背景和特长（HR 专业经验）、目标受众群体（25 ～ 35 岁求职者和职场新人），以及期望 AI 输出的具体格式（3 个方向及其分析）。这样的提示词能够引导 AI 进行针对性思考，结合职场招聘领域的市场需求和用户痛点，推荐最适合该创作者的定位方向。

这样做还有一个好处，就是让 AI 了解你的资源限制和优势特点，从而给出更符合实际的建议。通过这种方式构建的提示

词能够帮助 AI 基于主题进行多维度思考，提出有深度、有价值的内容定位建议。

我们以美妆赛道为例，再来看一个真实的对比案例，展示使用 AI 定位前后的效果差异。

输入模糊型提示词“帮我定位小红书美妆账号”，AI 给出的回应如图 2-18 所示。

新对话

帮我定位小红书美妆账号

要精准定位小红书美妆账号，需要从**账号类型、内容垂直度、人设风格、受众分析**等维度综合考虑。以下是具体步骤和策略：

---

1. 明确账号类型

- **个人IP型**：以博主自身为品牌（如"程十安""骆王宇"），强人设、强互动，适合有专业背景或鲜明性格的创作者。
- **测评种草型**：专注产品评测/成分分析（如"老爸评测"美妆线），需客观性和专业性。
- **教程干货型**：主打化妆技巧、护肤科普（如"小酒窝伊森"），适合技术流博主。
- **折扣资讯型**：分享美妆优惠、新品速递，吸引价格敏感用户。

---

2. 选择垂直细分领域

- **按品类**：护肤（敏感肌/油皮）、彩妆（口红试色/眼影盘）、小众品牌、国货等。
- **按场景**：学生党平价彩妆、职场通勤妆、新娘妆教程。
- **按人群**：男性护肤、宝妈极简护肤、黄黑皮妆容。
- **差异化建议**：
  ☑ 细分赛道举例：

图 2-18 美妆赛道 AI 定位

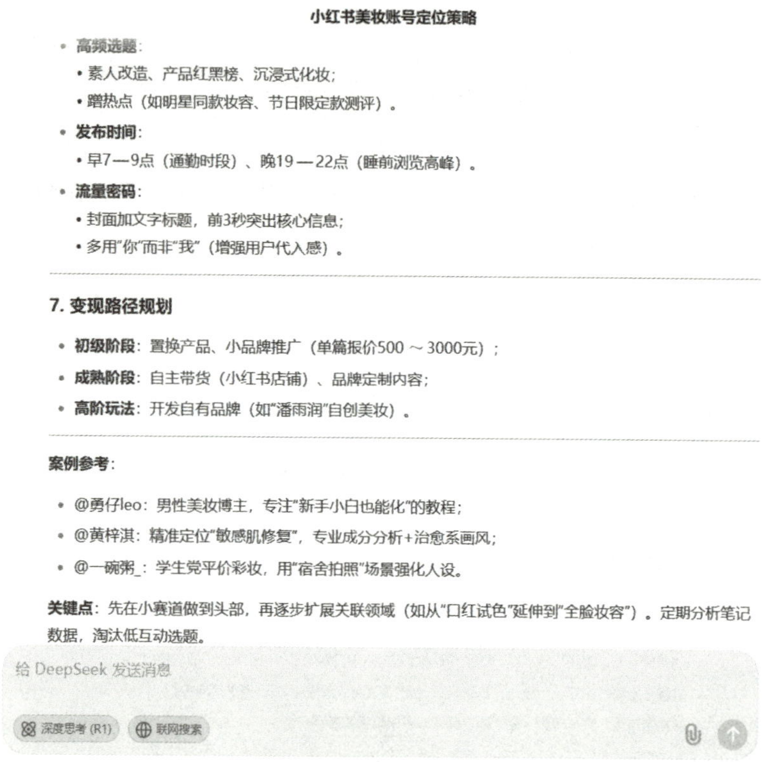

小红书美妆账号定位策略

- 高频选题：
  - 素人改造、产品红黑榜、沉浸式化妆；
  - 蹭热点（如明星同款妆容、节日限定款测评）。
- **发布时间**：
  - 早7—9点（通勤时段）、晚19—22点（睡前浏览高峰）。
- **流量密码**：
  - 封面加文字标题，前3秒突出核心信息；
  - 多用"你"而非"我"（增强用户代入感）。

---

7. 变现路径规划

- **初级阶段**：置换产品、小品牌推广（单篇报价500～3000元）；
- **成熟阶段**：自主带货（小红书店铺）、品牌定制内容；
- **高阶玩法**：开发自有品牌（如"潘雨润"自创美妆）。

案例参考：

- @勇仔leo：男性美妆博主，专注"新手小白也能化"的教程；
- @黄梓淇：精准定位"敏感肌修复"，专业成分分析+治愈系画风；
- @一碗粥_：学生党平价彩妆，用"宿舍拍照"场景强化人设。

关键点：先在小赛道做到头部，再逐步扩展关联领域（如从"口红试色"延伸到"全脸妆容"）。定期分析笔记数据，淘汰低互动选题。

给 DeepSeek 发送消息

深度思考 (R1)　联网搜索

图 2-18 （续）

可以看出，AI 给出的回答对标全是头部，而我们需要的是定位，输出结果到后面都是通用的运营技巧，表述过于宽泛，几乎适用于任何想做美妆内容的人，没有针对性和差异化。

此时，可以使用更精准的提示词，如图 2-19 所示。

【身份任务】你是一个小红书笔记专家，请帮我分析适合我的小红书账号定位：

【我的背景】皮肤科医生，5 年临床经验，对护肤成分有专业研究

【目标用户】25 ～ 35 岁敏感肌女性

【限制范围】3 个潜在定位方向，每个方向包含核心价值主张和差异化角度

小红书美妆账号定位策略

请帮我分析适合我的小红书账号定位：
【我的背景】皮肤科医生，5年临床经验，对护肤成分有专业研究
【目标用户】25～35岁敏感肌女性
【输出结构】3个潜在定位方向，每个方向包含核心价值主张和差异化角度

已深度思考（用时 21 秒）

嗯，用户之前让我帮忙定位小红书的美妆账号，现在他们又提供了一个具体的案例，需要分析适合他们的账号定位。用户是皮肤科医生，有5年临床经验，目标用户是25～35岁的敏感肌女性，需要三个潜在方向，每个要有核心价值和差异化角度。

首先，我需要回顾之前的回答，确保这次的分析符合之前的框架。之前提到的账号类型、垂直细分、人设风格、受众分析这些维度都要考虑到。用户的背景是皮肤科医生，专业性很强，目标用户是敏感肌女性，年龄在25～35岁，这个群体可能更关注安全、有效的护肤方案，可能有特定的痛点比如产品选择困难、成分安全性等。

接下来，思考如何将皮肤科医生的专业背景转化为小红书的内容。敏感肌用户通常需要可靠的信息来源，医生的身份能增加信任感。所以核心价值主张应该围绕专业性和权威性，同时结合解决用户的实际问题。

第一个方向可能是专业成分解析，利用医生的专业知识分析成分，帮助用户避开有害成分。差异化角度可以是医生背书，不同于普通美妆博主，更权威。第二个方向是临床案例结合护肤方案，通过真实案例展示解决方案，增强说服力。第三个方向可能是科学护肤理念，比如简化护肤步骤，反对过度护肤，这符合敏感肌的需求。

需要确保每个方向都有独特的卖点，避免与其他账号重复。比如，市面上有很多成分党，但医生身份的专业分析会更深入，更有可信度。同时，结合临床经验，提供实际案例，可以让内容更生动，用户更有代入感。

内容由 AI 生成，请仔细甄别

图 2-19　AI 定位精准提示词

AI 回应：

小红书美妆账号定位策略

已深度思考（用时21秒）

基于你的专业背景和目标用户需求，以下是3个精准定位方向及差异化策略：

方向一：专业成分党医生【权威破解敏感肌谣言】

核心价值主张
「从皮肤科医生视角，帮你避开敏感肌作死成分」
差异化角度：

1. **临床案例+成分解读**
   - 内容模板：
     「门诊日记丨看完100个烂脸案例，求你们别再用××成分了」
     「医生坦白局：这些"修护神器"正在摧毁你的屏障」
2. **破除伪科学人设**
   - 用文献数据拆解网红产品（如"某修护霜真的含激素吗？"）
   - 设计「医生黑名单」系列：揭露易致敏成分的平价替代方案
3. **信任感强化**
   - 白大褂+医院场景出镜，重点展示医师资格证/专业论文

方向二：敏感肌临床方案设计师【私人定制级护肤】

核心价值主张
「5年临床经验总结：敏感肌自救方案，照着抄就行」
差异化角度：

1. **分级诊疗式内容**
   - 按严重程度设计内容：
     - 急救篇（爆发期用药指南）
     - 维稳篇（医用护肤品搭配公式）
     - 预防篇（规避复发的生活细节）
2. **产品组合逻辑**
   - 推出「医生搭配包」：
     「红烫脸早晚护肤Routine」= 械字号喷雾+含神经酰胺乳液+物理防晒
   - 对比实验：同一产品在不同敏感阶段的使用效果
3. **深度场景绑定**
   - 选题示例：
     「做完光子嫩肤后，医生给自己开的护肤品清单」
     「换季烂脸期，我在医院给患者开的急救包长这样」

图2-20　AI定位精准回答结果

方向三：科学护肤教育家【反焦虑式理性护肤】

核心价值主张

「皮肤科医生大实话：敏感肌根本不需要那么多护肤品」

差异化角度：

1. **反套路内容设计**
   - 爆款选题示例：
     - 「敏感肌请立刻停止这3种无效护肤」
     - 「护肤品销售永远不会告诉你的真相：过度水合=慢性毁脸」
   - 用皮肤镜检测图对比"精简护肤Vs堆砌产品的屏障状态"
2. **建立科学护肤SOP**
   - 设计「敏感肌自查工具」：
     通过3个问题判断该用修护霜还是看医生
   - 推出「28天屏障重修计划」：每周跟练护肤步骤+医生点评
3. **情感共鸣点**
   - 金句示例：
     "护肤品不是许愿池，敏感肌要学会做减法"
     "与其跟风买贵妇面霜，不如先停掉你的洗脸仪"

关键执行建议

1. **视觉符号强化专业感**
   - 封面统一用「医生手写体处方」风格，重点标红"禁忌成分""推荐指数"
   - 视频开头固定话术："我是××医院皮肤科×医生，今天聊点敏感肌大实话"
2. **内容可信度打造**
   - 门诊案例打码后作为素材（如"患者治疗后3周皮肤状态对比"）
   - 引用《中国敏感性皮肤诊治专家共识》等文献截图
3. **用户互动设计**
   - 发起「敏感肌成分自查」活动：粉丝晒护肤品清单，医生随机点评
   - 固定栏目「医生QA」：用粉丝投稿照片分析皮肤问题（注意隐私保护）

竞品参考：

- @皮肤科教授王群（临床案例解读+产品成分分析）
- @李艺医生（医学护肤SOP+反焦虑内容）
- @敏感肌夏夏（医生背书+产品组合方案）

选择**方向一**快速建立权威性，后期可融合方向三的"反焦虑"话题扩大受众，最终通过方向二的定制化方案实现产品变现（如与医美机构/械字号品牌合作）。

ⓘ 本回答由 AI 生成，内容仅供参考，请仔细甄别。

给 DeepSeek 发送消息

深度思考（R1） 联网搜索

内容由 AI 生成，请仔细甄别

图 2-20 （续）

如图 2-20 所示，这样的回答不仅考虑了创作者的专业背景，还针对特定用户群体提供了差异化的定位方向，每个方向都有明确的价值主张和市场空白点。

许多成功的创作者已经验证了这种方法的有效性。我之前有一个护肤领域的学员，当她只用“帮我定位小红书美妆账号”这样简单的提示词时，AI 给出的建议非常宽泛，几乎适用于任何美妆创作者。但当她重新构建提示词，加入自己作为皮肤科医生的背景、对护肤品成分的专业认知以及目标用户群体后，AI 的建议从泛泛的“美妆博主”变成了“有医学背景的成分党护肤专家”这一精准定位，为她的创作指明了独特方向。

▶ 三、AI 定位只是辅助，适合你的才是最好的

AI 智能定位诊断为小红书创作者提供了捷径，帮助他们快速找到适合自己的高价值定位。

通过本节的学习，你已经掌握了如何构建基础提示词，如何使用关键要素完成精准定位，以及如何从定位延伸到内容体系构建。这些技能将帮助你在小红书这个竞争激烈的平台上找到属于自己的一席之地。

记住，AI 只是工具，它可以帮助你更快地找到方向，但最终的决策权仍在于你自己。

所有的定位，都是根据你的实际情况找出的具体方向。“以我为主，为我所用”才是使用 AI 的正确姿势。将 AI 的建议与你的专业判断、兴趣爱好和长期目标相结合，才能找到真正适合你的定位方向，实现持续的创作动力和商业闭环。

本节小结

构建 AI 定位提示词的三大要素：

1. 身份任务：做什么事情，什么赛道和领域。

2. 目标用户需求：年龄、喜好、关键词拓展。

3. 限制范围：我不要什么，我不希望出现在输出结果里面的元素。

第三章

AI 搭建账号：
高效打造个人品牌

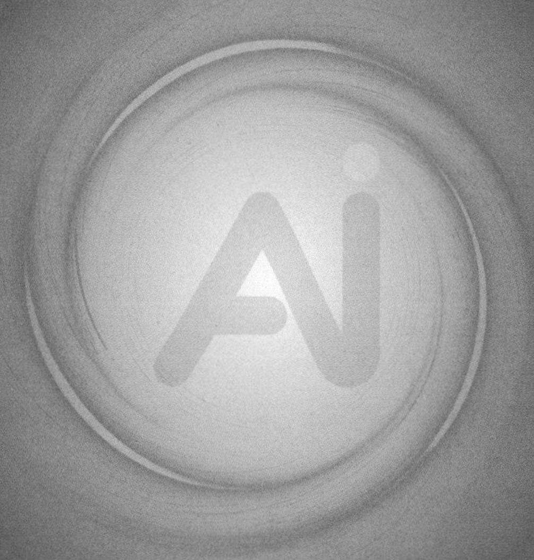

3.1 账号四件套：塑造专业博主形象

3.1.1 昵称：如何取一个自带流量的账号昵称

在小红书平台，账号昵称是用户接触创作者的第一触点，在很大程度上决定了账号的搜索可见度和用户记忆度。用户决定是否关注一个账号的时间基本不会超过 3 秒，其中“昵称”作为身份标识的核心要素，直接影响着用户的下一步行为。

一个好昵称，能让用户一眼就识别到你。那么，如何取一个自带流量的小红书账号昵称呢？

▶ 一、3 种起名核心公式

公式 1：职业 / 领域关键词 + 个性化昵称

这类公式通过强化自身职业或领域的关键词，再加上个性化昵称，为自身昵称做标签。

比如我的小红书私教学员“注册营养师五姐姐”（见图 3-1），是专注儿童营养的专业营养师，通过展示注册营养师的职业以及自身昵称，在用户心智上打上标签。

图 3-1 领域关键词昵称学员案例

比如“美妆春蚕”（见图3-2）是一个美妆博主，其昵称突出的是“美妆”这个领域和他的名字，将美妆和春蚕牢牢绑定在一起，强化自身IP特征。

图3-2　领域关键词IP案例

公式2：需求/场景关键词+个性化昵称

这类公式有利于点明用户需求或服务场景，从而直击用户痛点，直观强化用户对博主所做内容的了解，放大情绪价值。

比如“七七的省钱日记”（见图3-3），突出的就是生活中“护肤”这个场景下的省钱需求，吸引有省钱需求的精准用户群体。“七七”是叠音词，简单好记，所以这也是一个优秀昵称。

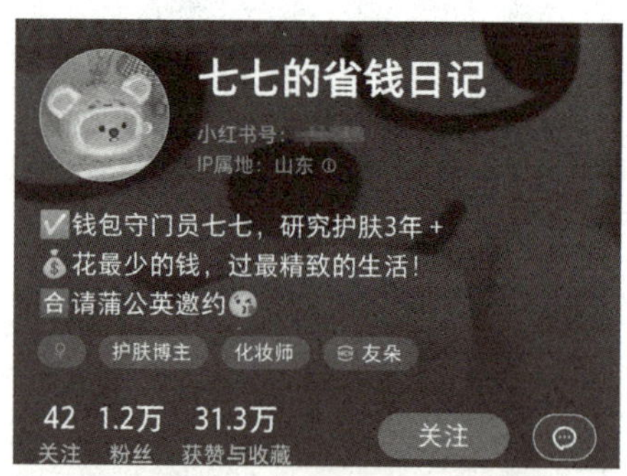

图3-3　需求关键词昵称案例

比如“职场老学姐”（见图 3-4），服务的就是“职场”这个场景下有学习需求的用户。因为有职场学习需求的一般是刚毕业不久的学生，所以“老学姐”这个昵称也给用户一种亲切感。

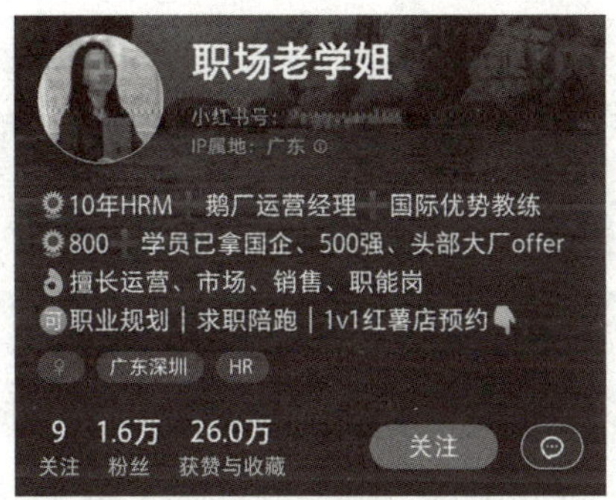

图 3-4　场景关键词昵称案例

公式 3：地域 / 性格关键词 + 个性化昵称

这类公式能让用户清楚地知道你在哪或者你的性格特征，有利于吸引同一地域的或者同种性格特征的用户。

比如“大宝姐在日本”（见图 3-5），很明显地突出了博主身处日本这一事实，可以吸引同在日本或者有意向去日本、对日本感兴趣的用户群体。

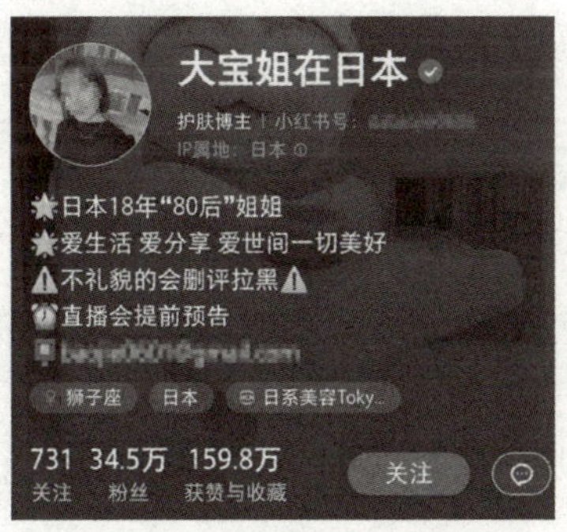

图 3-5　地域关键词昵称案例

再如“暴躁芋泥泥”（见图3-6），突出“暴躁”这一性格特征，这也是在做人设的差异化，激发用户对博主的好奇心，强化用户对人设的了解。

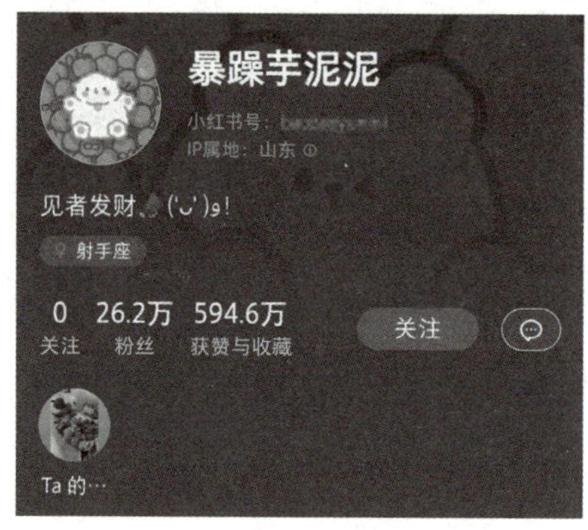

图3-6 性格关键词昵称案例

本节小结

三种起名核心公式：

公式1：职业/领域关键词+个性化昵称。

公式2：需求/场景关键词+个性化昵称。

公式3：地域/性格关键词+个性化昵称。

3.1.2 头像：真人出镜Vs虚拟IP，哪种更适合你

头像的选择非常重要，它决定了用户对你的第一印象。好的头像要专业、真实、有特色，并且和账号本身的人设定位吻合，不能有冲突。一个精心设计的头像能准确传递出账号所属垂直领域、风格调性以及博主的人格化特征。

▶ 一、3 种常见的头像类型

1. 专业形象

专业形象代表着职业属性的信任符号，适合医生、律师、教师等强专业属性的赛道。

比如“山东肝病科张慧琴主任”（见图 3-7）这个账号，头像展示的就是一个医生穿着白大褂的形象，为分享肝病相关的医学内容笔记做强有力的背书。

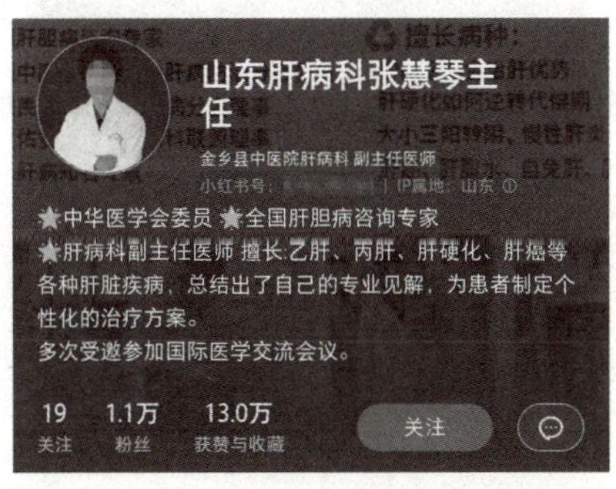

图 3-7　医生形象头像案例

再如“任建伟 律师”（见图 3-8）这个账号，头像展示的就是穿着西装的严谨专业形象，强化专业律师的人设特征。

图 3-8　律师形象头像案例

2. 专属特色

专属特色和赛道的本身属性有很深的关系。这类设计能让用户很快理解账号的内容方向和人设定位。

比如“菜菜美食日记”（见图 3-9），该账号头像就是一个人吃饭的场景，极具账号专属特色，用户一看就可以联想到吃饭、美食等相关场景。

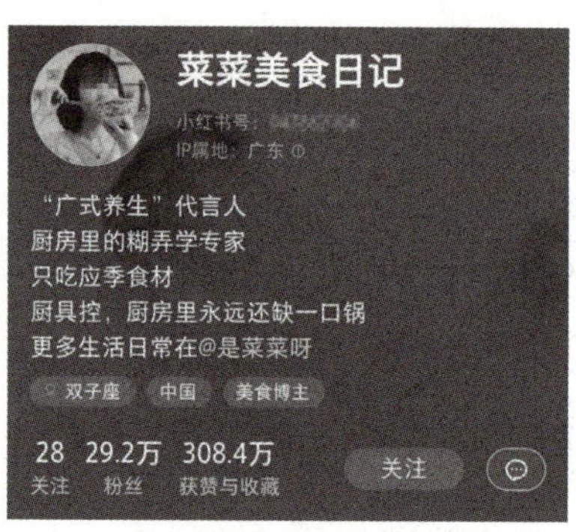

图 3-9　美食专属特色头像案例

再如“LISA 栗沙绘画画”（见图 3-10）是一个绘画博主，其头像向用户展示的是一个小女孩的绘画形象，垂直绘画本身这个赛道，在用户心智上强化“绘画”的特征。

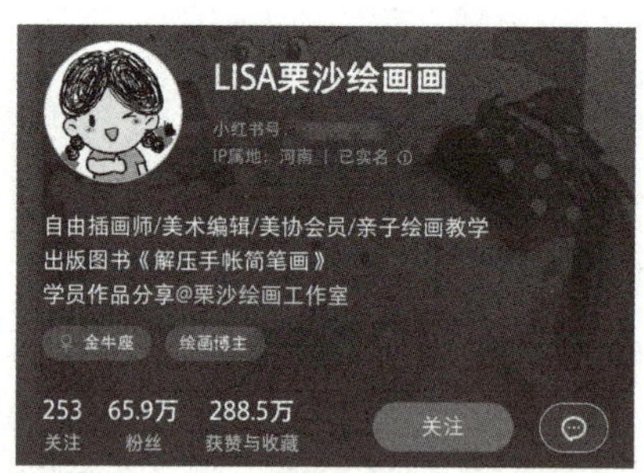

图 3-10　绘画专属赛道头像案例

3. 工具号头像

如果不方便出镜，可以使用网图或动漫头像等虚拟 IP 作为头像，但同样要与赛道相关。这一类型很适用于资料分享、养生、书单等不出镜的账号。

比如，“吉吉真的超不自律”（见图 3-11）是一个美食博主，其账号头像是一个动漫女生在饭桌上吃饭的画面，加深用户对美食博主人设的印象。

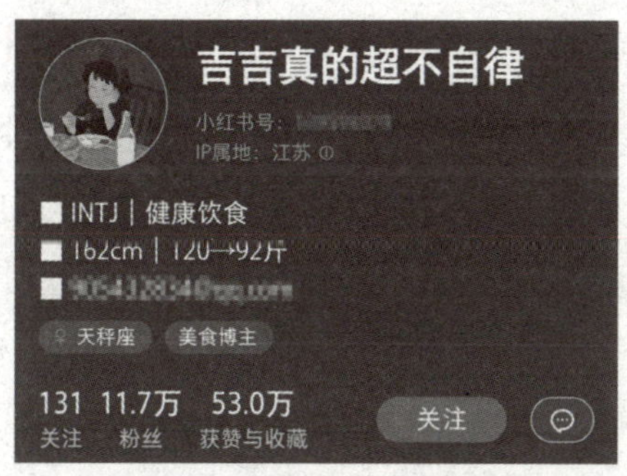

图 3-11　美食赛道动漫头像案例

再如，“小浪书单”（见图 3-12）的账号头像与昵称一样，清晰又简洁，进一步突出小浪书单的人设特征。

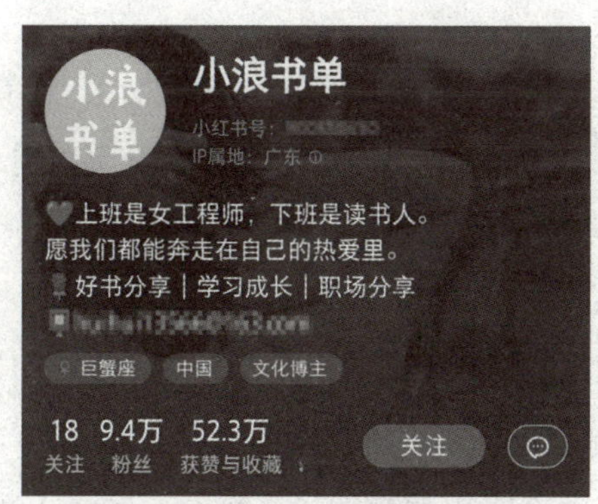

图 3-12　工具号头像案例

本节小结

三种常见的头像类型：

1. 专业形象。

2. 专属特色。

3. 工具号头像。

3.1.3 简介：一段话精准表达价值，吸引目标用户

简介作为账号主页的“门面”，是用户了解博主的重要窗口。简介应该做到清晰、简洁，并且能快速传递出账号的价值和专业性，还要筛掉非目标用户，吸引精准粉丝。

清晰、有价值、有吸引力的简介非常关键，优秀的简介能直接提升账号的转化效率。当用户通过笔记进入主页时，简介很大程度上决定了他们是否会点击关注或私信咨询。它既是个人品牌的标签，也是推动用户决策的“临门一脚”。

▶ 一、简介结构四行法：清晰、有价值、有吸引力

1. 第一行：身份＋背书＋背景

这里要突出的点包括你是谁，你的职业、背景、成就。知识付费、教育培训、垂直专业领域的博主都可以用这个结构。

“国家营养师 | 减脂营主理人 | 帮助1000＋学员月瘦8斤”，这个简介用自身的营养师身份去强化用户信任，同时直观呈现了自己的背书和服务案例数据，提高了账号的权威性。

“北大心理学硕士 | 情绪管理课主理人 | 助力2000人摆脱内耗”，“北大”名校学历是高信任度标签，强化了账号的专业性

和权威性，同时定位情绪管理这一垂直领域，并加以呈现服务案例数据，更容易获得用户的信赖。

2. 第二行：独特经历 + 高光成就

进一步介绍你的独特经历、里程碑事件，以事实结果为导向，塑造人设差异化。个人 IP、自律成长等类型的博主都可以用这个结构。

“从国企裸辞到年入百万 | 单篇笔记带货 20W+”，这个案例就是用强对比和转折去制造记忆点，“国企那么稳定，还要裸辞，裸辞后，还实现年入百万元”，有的用户看完可能会有这种想法，从而产生好奇心，去关注博主。

“产后抑郁自救指南 | 带娃减重 58 斤 | 创立万人妈妈健身社群 ”，这个案例前后形成强烈对比，从产后抑郁到创立万人社群，逆袭爽文。“产后抑郁”的独特经历，获得更多母亲共情；“带娃减重 58 斤”呈现强烈的视觉化成果，打破了“健身博主自己练当然容易”的认知屏障；“万人社群”既彰显影响力，又为后续引流赢利做好铺垫。

3. 第三行：提供价值 + 细分领域

这里可以写你能为用户提供什么价值，你的解决方案，以及你分享的内容领域是哪个赛道的，吸引关注同一领域类型的粉丝。

“拯救塌房睫毛 | 睫毛增长 | 美妆分享”，这个案例开头就展示自己能帮助用户实现睫毛增长，直击用户痛点，美妆领域细分增强专业人设感。

“面试话术急救包 | 应届生避坑指南 | 职场生存干货”，这个案例开头用“面试话术急救包”直接明了展现“我能为你提

供什么”，接着用“应届生避坑指南”再次展现账号价值，用“职场生存干货”细分领域增强人设感。

4. 第四行：引流钩子

做引流钩子，放邮箱或小号的联系方式。适合需要引流或接广告的账号，但要注意平台规则。

比如“求职干货合集领取 @ 小助理”，直接点明路径方向，降低用户搜索和理解成本。

比如“私信‘模板’免费领100套简历模板”“100套简历模板”点明可为用户提供资料，能有效引流。

比如“点击主页群聊，加入28天写作训练营”，这里的“28天写作训练营”可吸引有意向的用户加入，先把用户引流到群聊，再转化到私域进一步成交。

▶ 二、四大简介类型方向参考

1. 聚焦核心成就价值

这类简介有利于展现博主的价值成就，强化博主的人设价值，为内容的专业性作背书。

比如“鱼宝妈妈”（见图3-13）聚焦CFA持证、500强外企、公共营养师以及国际学校陪读等价值成绩，快速让对她感兴趣的用户了解基本信息，突出自身账号人设的差异化。

再如“西恩小姐”（见图3-14）是一个“运动+母婴”的博主，在简介的第一行就亮明自己的成就价值，“产后瘦了30斤”强烈吸引想产后瘦身的用户群体。

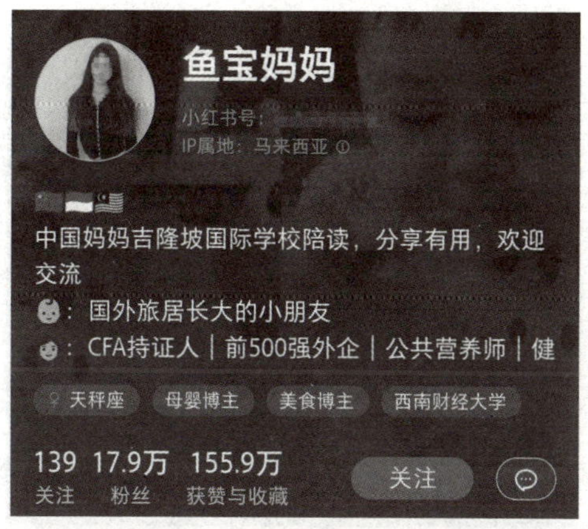

图 3-13　价值类型简介案例

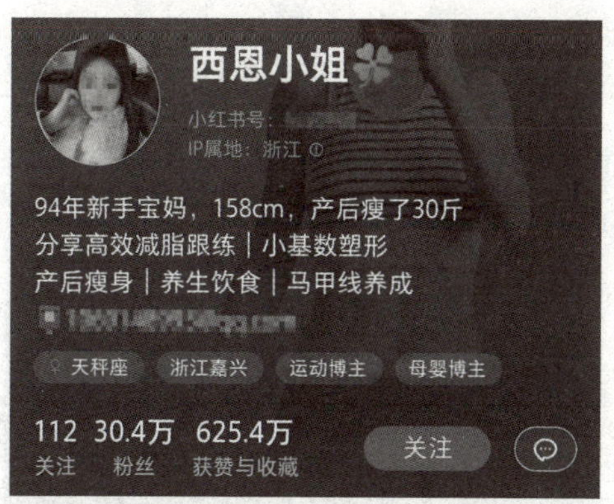

图 3-14　成就类型简介案例

2. emoji 表情与符号搭配

在简介中植入合适的 emoji 表情与符号，能够让简介更加清晰显眼，不容易造成“一堆字堆在一起”不容易看清楚的错觉。

比如“辛普森学长聊求职”（见图 3-15），在每行简介里搭配了相应的 emoji 表情与符号，让整个简介页面显得干净清晰，方便用户一眼了解博主是谁以及账号提供的价值。

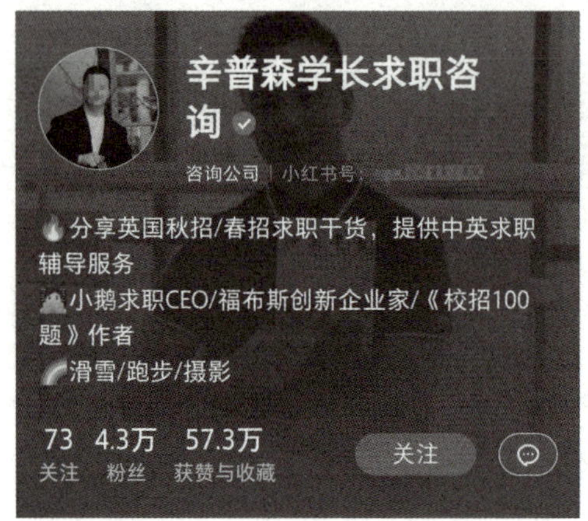

图 3-15　emoji 符号简介案例

再如“麦琪带你成长”（见图 3-16）是一个“职场＋时尚”的博主人设，她也在每行简介里搭配了 emoji 表情与符号，对敏感字眼还用相应表情去替代，比如搞钱经验里的“钱”，就换成金钱的 emoji 表情。

图 3-16　符号规避敏感词简介案例

3. 合理杜撰人设

这一类型的账号基于自身人设定位和赢利模式的设计，简介可以适当杜撰，核心在于只要笔记能给用户提供价值，配得上其包装的简介就好。

比如“学习方法社”（见图 3-17）是一个 10 万名粉丝的账号，分享各类通俗易懂且极具实操性的学习方法，其简介就可以包装自身为名牌高校毕业生，这样也能给用户合理的内容预期。

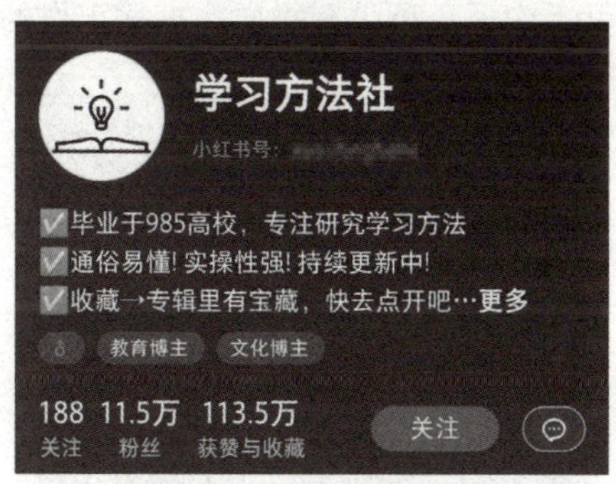

图 3-17　学历包装简介案例

再如“AI 绘画 | 绿绿”（见图 3-18）是分享 AI 绘画内容的博主，其简介包装的是在职 UI 打工人的人设，可以更顺理成章地分享账号设计内容。

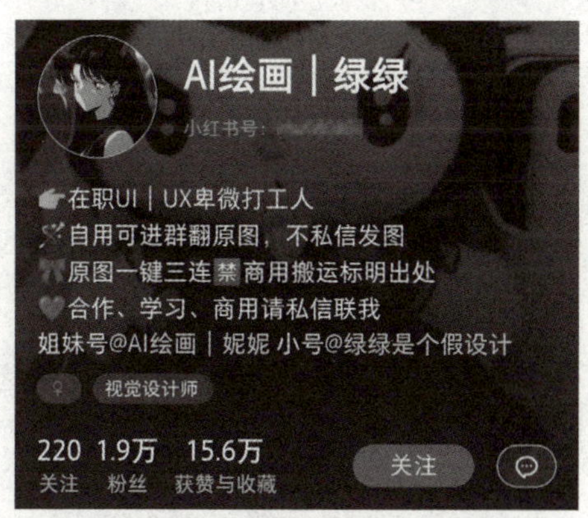

图 3-18　人设包装简介案例

4. 合规引流技巧

这类简介主要是为了引流私域或商务合作，引流技巧有很多种，比如 @ 小号、放邮箱。

我的私教学员“佐伊学姐求职陪跑”（见图 3-19）是一名职场博主，专门做求职陪跑相关的产品服务，她有引流需求，就可以合理埋入引流钩子，吸引有需要找高薪工作的学员。

图 3-19　群聊钩子简介案例

比如“是松子呀”（见图 3-20）是一位摄影博主，平时分享日常生活相关的图文笔记，也有在图片上适当植入广告以及留好广告位。这种有接广告需求的博主就可以在简介上留下邮箱，吸引有合作需要的品牌方。

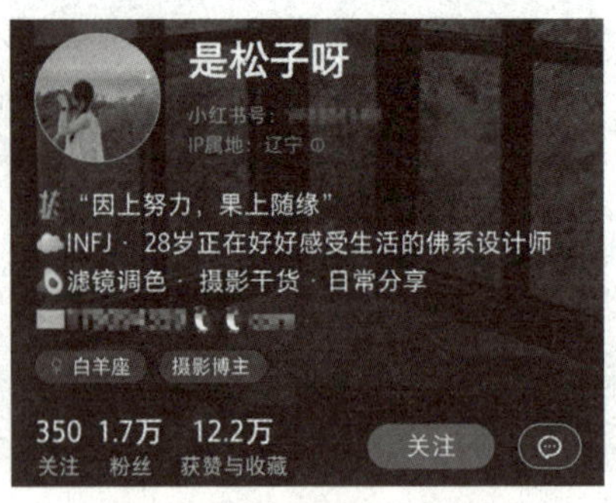

图 3-20　邮箱合作简介案例

本节小结

如何写吸引目标用户的简介？

1. 简介结构四行法：清晰、有价值、有吸引力

（1）第一行：身份 + 背书 + 背景

（2）第二行：独特经历 + 高光成就

（3）第三行：提供价值 + 细分领域

（4）第四行：引流钩子

2. 四大简介类型方向参考

（1）聚焦核心成就价值

（2）emoji 表情与符号搭配

（3）合理杜撰人设

（4）合规引流技巧

3.1.4 背景图：提升品牌感，增强用户认知

背景图是账号主页的重要组成部分，也是你的广告位。它应该与你的赛道相关，你可以用它来强化个人人设，增强用户对你的认知。简介里无法体现的画面场景，也可以用背景图进行画面呈现，丰富用户的观感。

以下是几种常见的背景图类型以及相关案例。

▶ 一、3 种背景图类型

类型 1：细分赛道

这类背景图极具垂直性，让用户一看就知道博主做的是什么类型的领域，更多展示的是博主的细分赛道场景。

比如，“尚微读书”的背景图是书架（见图3-21），进一步强化博主的书籍、读书相关的人设形象，为分享好书推荐的内容作铺垫。

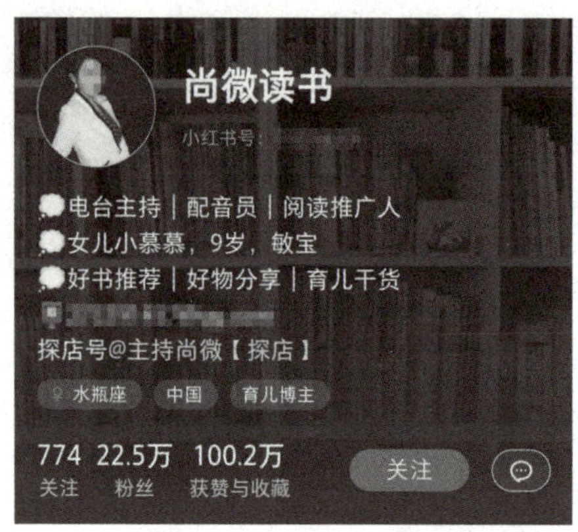

图3-21　读书赛道背景图案例

又如，“橙子美食记”是一位美食博主，背景图用美食照片（见图3-22），进一步强化“美食”的特征，丰富主页画面内容。

图3-22　美食赛道背景图案例

类型2：专业身份

专业身份的背景图更多在于展示简介文字里未能呈现的身

份信息，用图片就可以很直观地让用户感受到你的专业性。

比如，“石林老师”的背景图是荣誉证书（见图 3-23），为自身做公开课教学的内容作信任背书，更易获得用户的认可和关注。

图 3-23 荣誉证书背景图案例

再如，“力克体育”账号分享的内容主要是体育类，背景图放零基础跟练的直播课程表（见图 3-24），每天都有具体直播要分享的内容，方便不同运动需求的用户跟练。

图 3-24 直播课程表背景图案例

类型 3：高光时刻

这类背景图通过展示博主有突出记忆点的地方，例如证书合集、毕业照等，深化用户对其人设特征的了解，增强用户的信任感和亲切感。

比如，“护肤硕士王随天”的背景图是他的一系列证书（见图 3-25），包括硕士毕业证书、各种荣誉证书，为自己分享护肤笔记作强有力的背书，更容易获得用户信任。

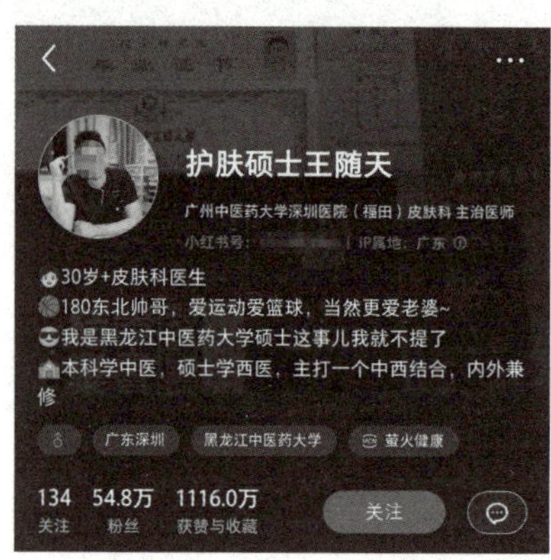

图 3-25　证书合集背景图案例

再如，“大鹿鹿学姐”是一位教育博主，借助学姐型的人设分享笔记，背景图展示的是自己的毕业照（见图 3-26），强化学姐人设形象，让整个主页整体的视觉效果更加亮眼。

图 3-26　毕业照背景图案例

本节小结

如何选择增强用户认知的背景图?

三种背景图类型：

类型 1：细分赛道

类型 2：专业身份

类型 3：高光时刻

3.2 黄金对标策略：借鉴成功经验，缩短试错周期

3.2.1 对标意义：新手创作小红书的第一步

新手博主做内容要想脱颖而出，首要步骤便是对标。

对标，就是对比和学习平台上成功博主的经验，并根据自己的特点进行借鉴和调整，进而提高自己的创作效率和爆款概率。这不仅是帮助新手博主找到创作方向的关键，也是缩短试错周期、提高创作成功率的重要手段。

经验一：对标能够帮助新手降低试错成本

在内容创作初期，试错是不可避免的，但过度试错可能会导致时间和精力的大量浪费。尤其是对没有平台经验的博主而言，对标可以有效帮助博主减少试错。通过对成功案例的分析，新手能够更清晰地了解哪些内容获得了更多的互动和曝光，哪些创作方法更能吸引用户。

一些成功的博主会发现，某些特定的标题风格和封面图更容易吸引点击，或者某些内容的互动性更高。新手博主如果能借鉴这些经验，并结合自己独特的创作风格进行创新，就能迅速提升内容的吸引力和传播力。

如图 3-27 所示，一些养生赛道的博主发布的爆款笔记，无论是封面风格还是字体排版，都具有相似性。

图 3-27　养生赛道爆款对标案例

经验二：对标能够帮助新手优化创作策略

对标不仅限于对内容的模仿，还包括对创作策略的借鉴。成功的博主通常会围绕某一明确的品牌调性或个人特色进行内容规划。这种长期的创作策略能够帮助他们积累稳定的粉丝群体，并在此基础上建立品牌影响力。

对于新手博主而言，借鉴优秀账号的创作策略，能够帮助他们从一开始就设定合理的创作目标和风格。成功的博主往往能够在风格、语气、表达方式等方面保持一致性，这有助于他们在用户心中建立鲜明的个性标签。因此，新手博主应在对标过程中，了解如何在自己的内容创作中保持一致性和辨识度，从而逐步塑造自己的 IP 形象。

有些博主专注于某一领域，持续不断地为粉丝提供相关的高质量内容，逐步形成了自己的专业形象。比如博主“崔佳楠”（见图 3-28），长期分享专业护肤经验和省钱护肤技巧，不断向用户展现自己的品牌形象。

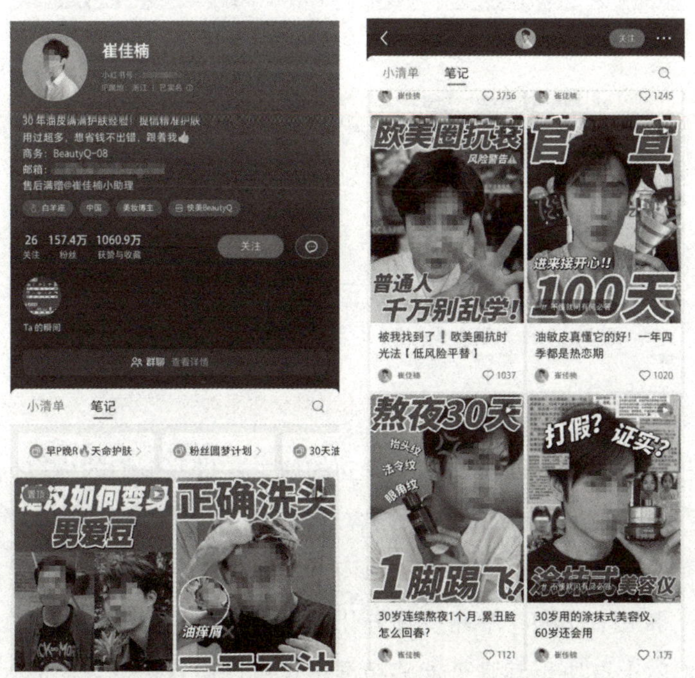

图 3-28　护肤赛道专业形象案例

而另一些博主则通过个性化的风格、幽默感或者真实的个人故事，吸引了大量忠实的粉丝。比如，博主“李小兰 L”（见

图 3-29），主要分享职场办公、人情世故相关的视频段子，极具个性化风格。

图 3-29　个性化风格优质案例

新手博主可以通过对标成功的博主，借鉴他们的内容创作及互动策略，从而加速个人内容思维的成长。

经验三：对标能够辅助确立内容创作体系

小红书作为一个高度细分化的平台，博主的成功与否在很大程度上取决于其是否能够精准锁定自己的目标受众。成功的博主通常都能明确自己的受众群体，并根据这些受众的兴趣需求进行内容创作。

正如明星买手“董洁”“章小蕙”在小红书上的成功，离不开对标策略的运用。尽管她们已经拥有一定的知名度，但在小红书这个内容社区，仍然需要找准定位和方向，才能获得用户的认可和关注，如图 3-30 所示。

图 3-30　明星买手案例

她们的团队通过分析平台上的热门内容和用户喜好，发现用户对“明星日常生活”和“高品质生活方式”有较大兴趣。这一发现与她们的个人特点和形象高度契合。基于这一发现，她们将内容重点放在了分享个人生活品味和购物心得上，同时注重真实性和互动性，经常与粉丝进行互动交流。

在内容创作上，她们注重展示个人的真实生活和审美品位，而不是简单地进行商业推广。这种真实性和个人化的内容更容易获得用户的信任和认同，也更符合小红书平台的内容调性。

通过这种系统化的对标策略，董洁和章小蕙的小红书账号迅速积累了大量粉丝，内容互动率保持在较高水平。更重要的是，她们通过小红书平台成功塑造了“生活方式达人”的形象，不仅提升了个人影响力，还带动了相关品牌的销售增长。

本节小结

新手博主创作小红书进行对标的三个经验。

经验一：对标能够帮助新手降低试错成本

经验二：对标能够帮助新手优化创作策略

经验三：对标能够辅助确立内容创作体系

3.2.2 精准锁定：5招快速搜寻量身定做的对标账号

找准对标账号是打造优质笔记内容的重要基础。通过深入分析优质对标账号，我们可以更清晰地了解目标用户的兴趣偏好，从而明确内容创作方向，并借鉴那些已经被市场验证过的成功内容框架。

想要持续获得精准的选题灵感，掌握高效的账号挖掘方法很关键。下面这5个实用技巧，可以帮助你快速找到合适的对标账号。

▶ 一、主页推荐寻找法

在主页持续浏览领域关键词（见图3-31），能帮助系统更准确地为账号打上垂直标签，并为我们推荐更多同领域的优质内容。

小红书的推荐机制很智能，它会根据我们的搜索习惯和浏览偏好，通过算法匹配最合适的内容。这种方式不仅能帮我们发现一些常规搜索难以触达的优质笔记，还能及时捕捉到新兴素人账号的爆款内容。

对于新晋博主来说，观察这些账号从起步到成长的内容演变轨迹，是非常有价值的学习机会。

图 3-31　发现页推荐内容

▶ 二、搜索关键词寻找法

当你还在探索内容方向，不清楚自己具体要做哪种类型的选题时，可以先列出与自己领域相关的几个关键词。通过小红书平台的关键词搜索，就可以系统地了解当前有哪些细分内容赛道值得尝试。

这种方法能帮助你发现既符合平台调性，又与自身定位相匹配的内容方向，是我们日常选题调研中非常实用的一个小技巧。

具体方法如下：

（1）根据经验和用户痛点先列出 10 个该领域的关键词。

比如“数码”这个领域，可以在小红书搜索框打出这 2 个字（见图 3-32），后面会自动出现很多关联词，这些内容就是用户经常搜的内容，可以挨个点进去查看。

在浏览搜索结果时，可以特别关注近期（半年内）发布、互动数据良好且评论区活跃的优质笔记（见图 3-33），这些都是不错的参考对象。

图 3-32　搜索框自动关联词

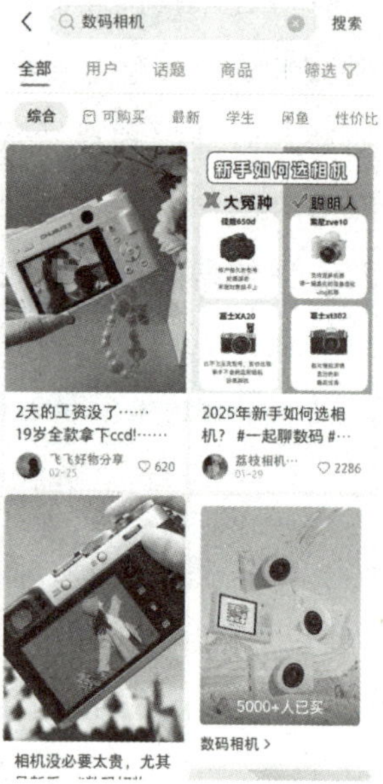

图 3-33　数码相机笔记搜索结果

不过要注意的是，找到的笔记是否适合对标，还需要结合自身账号的定位、个人特色以及未来的赢利方向综合考量。可以先将这些潜在的对标笔记收藏起来，后续再慢慢筛选出最适合的参考案例。

（2）用领域词＋ abcd 的方式去搜索。

我们还是用数码领域举例，可以按照字母顺序，依次在小红书搜索栏直接搜“数码 a、数码 b、数码 c、数码 d”，搜索栏下方就会出现不同的关键词，还有具体选题的对应数量显示

（见图 3-34），比如数码 App 相关笔记有 47 万＋篇，通过这个细节，我们可以直观了解市场需求。

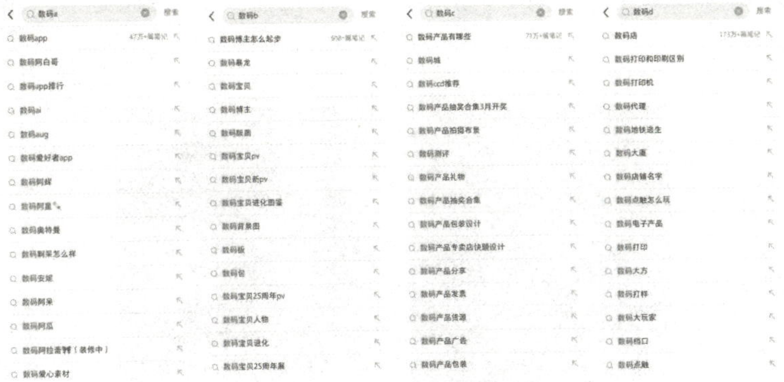

图 3-34　领域词＋ abcd 法关键词结果

而且，搜索栏中关键词排名越靠前，表示用户的关注倾向越大，所以在寻找对标账号时，我们可以优先点击排名靠前的关键词去看。

这个方式可以很快帮我们拓展熟悉某个领域的思路，熟悉领域的关键词、选题角度和内容类型，以及对应的目标人群。

▶ 三、关注推荐寻找法

在寻找对标账号时，我们可以使用平台的智能推荐功能。当你关注某个账号后，系统会自动为你推荐同类型的博主。

这里要特别说明的是，对标账号并不需要和你的个人定位、经历或赢利方式完全一致，实际上也很难找到百分百匹配的账号。

每个创作者都有自己的独特性，即便是在同一领域，大家的创作风格、内容呈现方式也会有所不同。我们关注对标账号的主要目的，是学习他们的优秀之处，而不是完全复制。

比如在心理咨询领域，观察小红书相关账号你会发现，其在头像、昵称和简介的设置上往往有一些共通之处（见图3-35）。

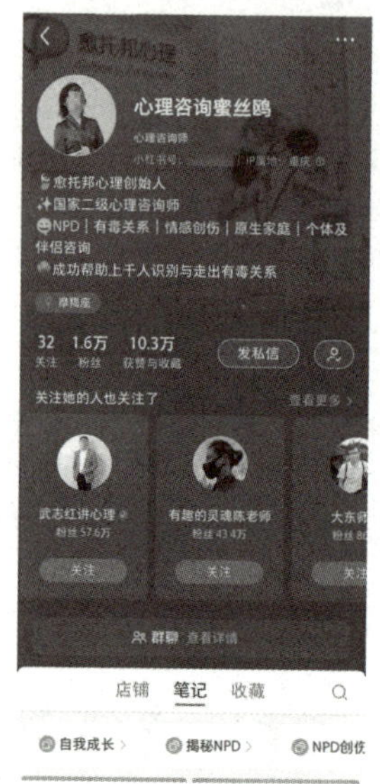

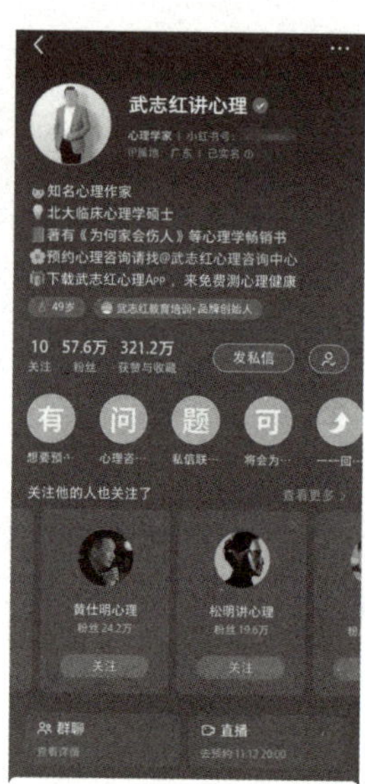

图3-35 心理赛道关注推荐对标

如果你想打造心理咨询方向的个人IP，可以参考这些经验。

（1）建议采用真人头像，保持专业亲切的形象；

（2）昵称可以采用“心理咨询师××”或“××讲心理”这样的结构；

（3）在简介中突出自己的专业资质，比如“国家二级心理咨询师”等。

记住，参考的目的是启发思路，最终还是要结合自身特色来打造独特的个人品牌。

▶ 四、对标笔记反推法

对标笔记反推法是一种逆向思维方法。我们先从平台推荐的笔记出发，逐步溯源到账号主页，进而发现更多对标笔记。

比如，我们要寻找心理咨询相关对标账号，刚好这时在推荐笔记中发现一篇心理咨询相关的对标笔记内容质量很高，无论是账号选题还是笔记模板都很好，赞藏比数据也很不错。我们就可以顺藤摸瓜找到对标账号，去详细拆解整个对标账号的选题笔记、内容模板、花字排版、赞粉比等，看哪些是值得借鉴学习的，如图 3-36 所示。

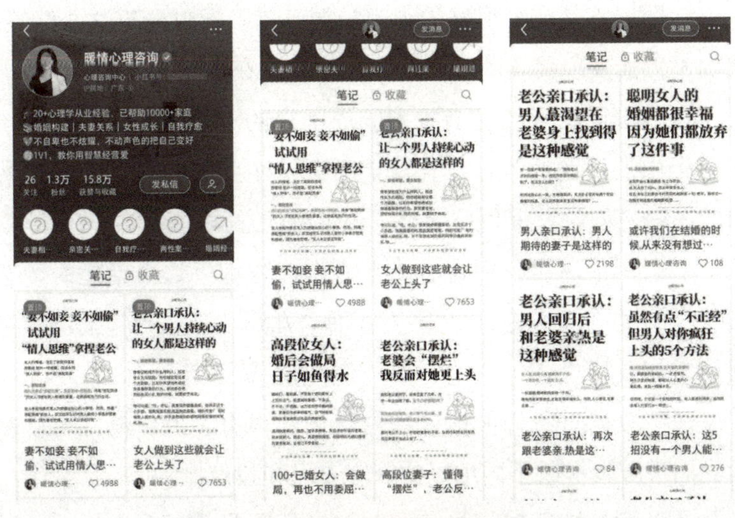

图 3-36　笔记反推对标账号

▶ 五、话题标签挖掘法

如图 3-37 所示的第 1 张图片，其文案下方的"#"符号后面的内容，就是我们要讨论的话题标签。

图 3-37　不同地区心理话题浏览量对比

话题标签是一个很好的内容挖掘工具。通过分析这些标签，我们不仅能发现优质的账号，还能找到潜在的爆款选题方向。

具体可以这样做：当找到一篇不错的对标笔记后，不妨点开笔记中的话题标签，这样就能看到这个细分领域最新、最热门的内容，同时左上角还会显示该话题的总浏览量。

举个例子，当我们查看“上海心理咨询”这个话题时，会发现它的浏览量高达 2000 多万；而“郑州心理咨询”的浏览量则是 500 多万。

这些数据对我们做地域性内容运营很有参考价值，可以帮助我们进一步推断不同地区的获客难度和投产比。

以上就是快速搜寻量身定制的对标账号的 5 个方法。通过这些途径，相信你可以挖掘出很多的宝藏对标，看见更多优质的创作思路，快行动起来吧！

本节小结

5 招快速搜寻量身定做的对标账号：

1. 主页推荐寻找法
2. 搜索关键词寻找法
3. 关注推荐寻找法
4. 对标笔记反推法
5. 话题标签挖掘法

3.3 选题策略：如何持续踩中内容的流量红利点？

3.3.1 4 种类型的优质选题，让用户主动赞藏评

很多人都想做出爆款笔记，看到后台一直持续不断的 99+ 肯定会特别惊喜。想做爆款，就要抓住核心关键。核心不是精致的封面，也不是吸引人的标题，更不是精彩的脚本，而应该是选题。

找对真正好的选题，笔记就成功了一半，爆款概率也翻了一番。要知道，优质爆款选题的本质，反映的是大众用户的真正需求。只有大部分用户都关心的内容，才有机会引起广泛热度、共鸣和认可。

所以，选题不是自己苦思冥想憋出来的，而是通过技巧挖掘发现的。有时候你自己想出来的“好选题”，很可能只是“自嗨”，并没有经过市场的验证。而且你能想到的选题，极大概率早就有人想到并且做了。这个时候，最好是通过相关方法进行市场验证。

而确认是优质选题的前提，是要清楚优质选题长什么样，有哪些类型。

▶ 一、4 种类型的优质选题

优质选题有多种不同类型，其代表的意义和对应的用处也各不相同，一共有如下 4 种。

1. 干货型选题

这一类选题内容聚焦用户痛点，以“实用性”为底层逻辑，多属于爆款笔记。而且此类内容精准满足了用户“即学即用”的强需求，并且通过结构化呈现，分点分步骤进行阐述，大大降低了用户的学习和使用成本。

如图 3-38 所示与“数码干货”相关的几个细分选题笔记，大标题下面都是一条条“干货”，以数字结构化呈现，极具实用性，极大地吸引了用户。

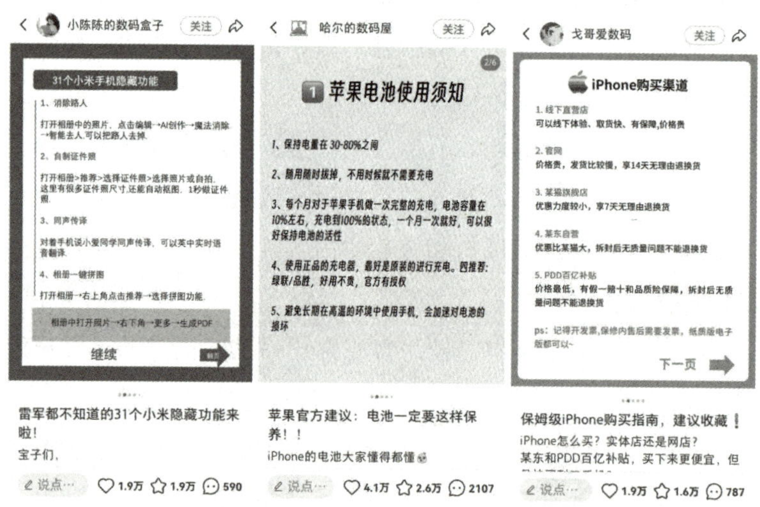

图 3-38　数码干货细分笔记

这一类型的选题笔记不能直接赢利，但能提高账号的权重和曝光，吸引用户浏览和关注。

值得留意的是，干货型选题在制作时需注意信息密度与可读性的平衡，避免堆砌太过理论化的术语，增加用户的阅读难度。要偏向于口语化的表达，用大白话去解释，这更能增强用户的代入感。

2. 人设型选题

人设型选题的核心是建立“信任资产”，在自己的垂直领域持续输出经历，包括个人生活故事、工作业务范围、成长状态履历等都可以拎出来。这一类型选题有利于自身人设的搭建，强化个人 IP，培养用户对你的信任感。

图 3-39 所示的选题就是人设型选题。

图 3-39　人设型选题笔记

例如“26 岁文科女，我已过上了普通人中最好的生活”这个选题，以讲故事的方式分享自己通过互联网行业实现生活自由，有什么样的改变，以及去了哪些国家，看了什么样的风景等，将自身人设植入用户心智。

值得注意的是，在寻找人设型选题的时候，要尽可能去挖掘自己身上的差异化标签或者成绩履历，再辅以真实场景的“幕后花絮”。

如图3-39所示“25岁 | 月入1W+ | 所有努力都在慢慢变得清晰”这个选题，会增添符合选题的桌面布置、健身房照片等场景，去塑造“可模仿但难复制”的辨识度。

当然，人设必须实事求是，要避免过度包装，引起用户怀疑或不适。如图3-39所示“90年34岁负债160万一年还清”的话题，就是简单讲清楚自己的年龄、经历，吸引那些负债中的用户来讨论学习，不过度夸大。

在梳理内容的时候，想想用户为什么要给你付费，边写边想，效果会更好。也可以重点参考其他对标人设选题的做法，参考整篇笔记内容的展示逻辑和框架。

3. 揭秘型选题

这一类型的选题在于满足用户对“稀缺未知信息”的获取欲，营造神秘感，激发用户的好奇心或者恐惧心理。

如图3-40所示3个不同行业的揭秘型选题，其实都是在直击用户痛点去揭秘大众未知的信息。

比如“揭秘Zi本家让你吃出bing的秘密”，就是通过释放部分关键信息去制造悬念，再利用人的大脑对未知信息天然的探索冲动，进而驱动用户主动点击笔记浏览。

又如“长痘内调的骗局”“世纪大骗局”等选题，需要更贴近生活，像长痘、鱼油脂肪酸，都是生活中经常接触的东西，主要突出“打破认知壁垒”，让用户看完有一种“原来如此”的感觉。

图 3-40　行业揭秘型选题笔记

4. 避坑型选题

人都怕自己的付出踩雷，或者自己的真金白银交了智商税，白白消耗。避坑型选题直击人性，以“风险预警”作为切入点，激发用户内心深处对决策失误、踩坑遇骗的恐惧。

这类选题通常用具体案例去引发共鸣，同时提供可操作的解决方案，吸引用户点赞收藏。此类内容很容易触发用户的自发传播，形成裂变效应。

如图 3-41 所示，“找工作避坑”“纹眉避坑”“装修避坑”等避坑型选题，都是在深挖目标用户的痛点，引发共鸣，建立情感连接，吸引用户浏览。

以上是四种非常典型的优质选题方向。无论你身处哪个垂直领域，通过对标这四种选题思路进行创作，相信流量提升都指日可待！

图 3-41　避坑型选题笔记

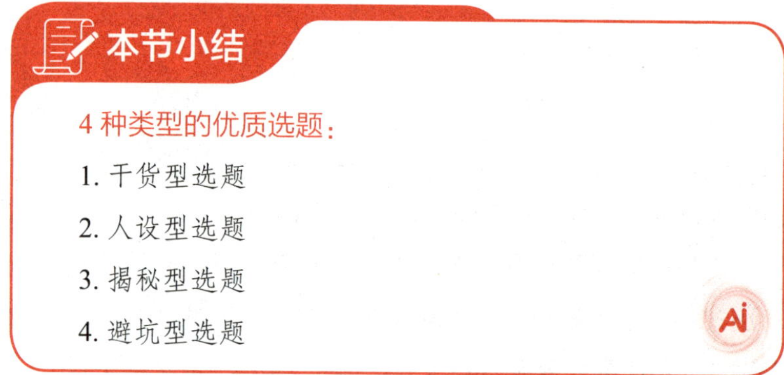

3.3.2　AI智能选题库：如何迅速搭建量身定制的选题库

AI不仅能生成选题，还能给出相关内容建议和创作思路。对于自媒体而言，这意味着能够快速将灵感转化为有价值的内容。当同行还在为选题发愁的时候，我们可能已经抢占了市场先机。

下面来看一个具体的应用示例：

【我的身份】我是一个护肤赛道的小红书作者

【我的任务】请为我的小红书护肤账号生成 10 个避坑型选题

【目标受众】25 ～ 35 岁敏感肌女性，预算有限但注重成分安全

【要求范围】选题需要我能在家中使用现有产品，无需复杂仪器，不要太专业的术语

通过以上提示词（见图 3-42），AI 帮助我们生成以下选题（见图 3-43）。

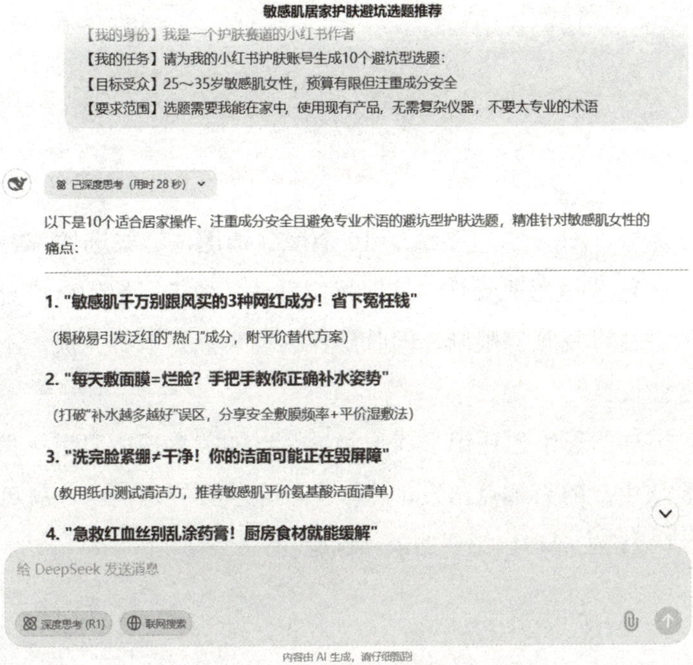

敏感肌居家护肤避坑选题推荐

【我的身份】我是一个护肤赛道的小红书作者

【我的任务】请为我的小红书护肤账号生成10个避坑型选题：

【目标受众】25～35岁敏感肌女性，预算有限但注重成分安全

【要求范围】选题需要我能在家中，使用现有产品，无需复杂仪器，不要太专业的术语

已深度思考（用时 28 秒）

以下是10个适合居家操作、注重成分安全且避免专业术语的避坑型护肤选题，精准针对敏感肌女性的痛点：

1. "敏感肌千万别跟风买的3种网红成分！省下冤枉钱"

（揭秘易引发泛红的"热门"成分，附平价替代方案）

2. "每天敷面膜=烂脸？手把手教你正确补水姿势"

（打破"补水越多越好"误区，分享安全敷膜频率+平价湿敷法）

3. "洗完脸紧绷≠干净！你的洁面可能正在毁屏障"

（教用纸巾测试清洁力，推荐敏感肌平价氨基酸洁面清单）

4. "急救红血丝别乱涂药膏！厨房食材就能缓解"

给 DeepSeek 发送消息

深度思考 (R1)　联网搜索

内容由 AI 生成，请仔细甄别

图 3-42　AI 生成护肤选题询问示范

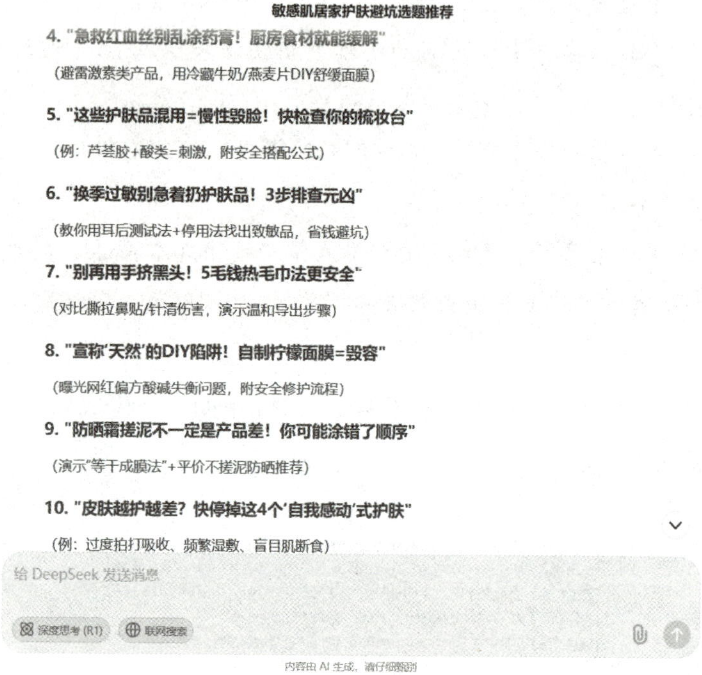

敏感肌居家护肤避坑选题推荐

4. "急救红血丝别乱涂药膏！厨房食材就能缓解"

(避雷激素类产品，用冷藏牛奶/燕麦片DIY舒缓面膜)

5. "这些护肤品混用=慢性毁脸！快检查你的梳妆台"

(例：芦荟胶+酸类=刺激，附安全搭配公式)

6. "换季过敏别急着扔护肤品！3步排查元凶"

(教你用耳后测试法+停用法找出致敏品，省钱避坑)

7. "别再用手挤黑头！5毛钱热毛巾法更安全"

(对比撕拉鼻贴/针清伤害，演示温和导出步骤)

8. "宣称'天然'的DIY陷阱！自制柠檬面膜=毁容"

(曝光网红偏方酸碱失衡问题，附安全修护流程)

9. "防晒霜搓泥不一定是产品差！你可能涂错了顺序"

(演示"等干成膜法"+平价不搓泥防晒推荐)

10. "皮肤越护越差？快停掉这4个'自我感动'式护肤"

(例：过度拍打吸收、频繁湿敷、盲目肌断食)

给 DeepSeek 发送消息

深度思考 (R1)　联网搜索

内容由 AI 生成，请仔细甄别

图 3-43　AI 生成护肤选题输出结果

你看，AI 一口气生成了 10 个爆款选题，这些选题都针对“25 ～ 35 岁敏感肌女性”这一特定群体，考虑了她们对成分安全的关注以及预算限制，同时确保内容可以在家中完成，不需要专业仪器。

同样的思维也适用于其他领域。比如美食探店赛道。我们需要从用户的兴趣点出发，将以上要素放到提示词中，就可以让 AI 轻松生成自己想要的爆款选题。

美食探店赛道选题提示词

【我的身份】我是一个美食探店赛道的小红书作者，有 3 年探店经验，擅长发掘隐藏美食和网红餐厅测评。

【我的任务】请为我的美食探店账号生成 5 个选题，包含标题和内容框架。

【目标受众】18 ～ 35 岁年轻白领和学生群体，热爱尝鲜，预算 300 ～ 500 元 / 人，喜欢拍照打卡，关注性价比，寻找既有颜值又好吃的餐厅。

【要求范围】每个选题需包含明确地点和菜系类型，标题需吸引眼球，内容需涵盖环境、价格、推荐菜品，不要生成高端奢侈餐厅选题，避免复杂烹饪技巧分析。

通过这样的提示词，AI 帮助我们生成以下选题（见图 3-44）。

【我的身份】我是一个美食探店赛道的小红书作者，有3年探店经验，擅长发掘隐藏美食和网红餐厅测评。
【我的任务】请为我的美食探店账号生成5个选题，包含标题和内容框架。
【目标受众】18～35岁年轻白领和学生群体，热爱尝鲜，预算300～500元/人，喜欢拍照打卡，关注性价比，寻找既有颜值又好吃的餐厅。

【要求范围】每个选题需包含明确地点和菜系类型，标题需吸引眼球，内容需涵盖环境、价格、推荐菜品，不要生成高端奢侈餐厅选题，避免复杂烹饪技巧分析。

1. **标题**："广州天河区🔥人均200+的日式烧肉天花板！和牛入口即化！"
   内容框架：
   - **餐厅信息**：店名（可留悬念评论区互动）、具体位置、排队情况
   - **环境亮点**：暗黑工业风+霓虹灯打卡墙/私密卡座设计
   - **必点菜品**：
     1. 现切M5和牛小排（附油脂分布特写图）
     2. 会爆浆的芝士年糕（拉丝动图预警）
   - **性价比TIP**：午市套餐比单点省30%
   - **彩蛋**：隐藏吃法——用生鸡蛋拌饭配烧肉

图 3-44　AI 生成美食探店选题输出结果

2. **标题**："杭州西湖边‼️被绿植包围的泰式小馆，芒果糯米饭美到窒息！"
   内容框架：
   - **场景代入**：独栋玻璃房+瀑布绿植墙（适合闺蜜拍照）
   - **菜品测评**：
     1. 彩虹芒果糯米饭（三种颜色糯米+蝶豆花染色教程）
     2. 冬阴功汤（可免费续汤底！）
   - **避雷指南**：青木瓜沙拉偏辣，广东人慎点
   - **人均参考**：180元吃到扶墙出
3. **标题**："上海静安区✨韩国街外挂！芝士铁板鸡拉丝1米不夸张！"
   内容框架：
   - **氛围营造**：播放BLACKPINKMV的沉浸式韩餐店
   - **爆款菜品**：
     1. 火焰芝士春川鸡（服务员现场喷枪操作视频）
     2. 彩虹棉花糖烧酒（附调色攻略）
   - **冷知识**：小菜无限续加（土豆泥必囤）
   - **适合场景**：生日聚会（店员会放韩团庆生歌）
4. **标题**："成都太古里👀本地人带路才找到的川菜馆！辣子鸡里找鸡丁挑战！"
   内容框架：
   - **反差设定**：藏在麻将馆后面的米其林推荐
   - **硬核菜品**：
     1. 霸王辣子鸡（辣椒可打包做油泼面）
     2. 麻将造型的椰奶冻（胡牌必点甜品）
   - **隐藏服务**：免费提供解辣冰粉（续碗暗号）
   - **人均消费**：经典三件套只要150元
5. **标题**："深圳南山区🍣Omakase平替！板前寿司人均300+拿下12贯！"
   内容框架：
   - **价值塑造**：对比千元日料的同款鱼获供应商
   - **主厨互动**：可自选当季鲜鱼（附金枪鱼开鱼秀照片）
   - **必吃环节**：
     1. 海胆寿司（堆成小山视觉冲击）
     2. 隐藏菜单：鹅肝寿司（限时供应）
   - **省钱妙招**：周三女士日送清酒

标题技巧：使用🔥/‼️等符号强化情绪，数字具体化，加入"天花板""平替"等年轻化关键词
内容设计：突出视觉化描述（颜色/拉丝/堆叠），埋梗互动（挑战/暗号），强调社交货币属性（拍照点/短视频素材）

图 3-44 （续）

只要输入明确的身份、任务和目标受众信息，AI 就可以完成我们所需要的选题。每个选题不仅在标题上吸引眼球，还能涵盖餐厅环境、菜品推荐和性价比分析，确保内容实用。

比如，AI 根据预算和年龄段特点，推荐适合年轻白领和学生的网红餐厅或性价比高的餐馆。这种精准的内容生成能帮我们快速获得多元化选题，同时提升内容点击率。

本节小结

如何迅速搭建量身定制的 AI 智能选题库?

通过明确身份、任务和目标受众信息、要求范围，使用 AI 完成选题库搭建

第四章

AI 内容工厂：
从选题到流量爆发的全链路拆解

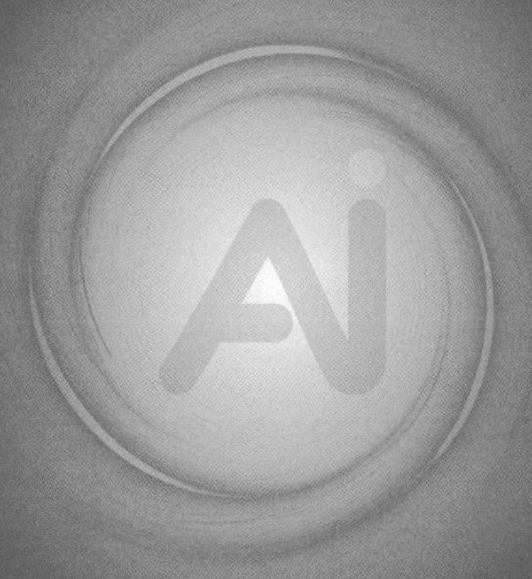

4.1 爆款内容：掌握底层逻辑，开启 10W+ 流量之路

在小红书平台，爆款从来不是凭空出现的，它是用户需求、情绪共鸣、实用价值和平台算法共同作用的产物。很多人把爆款归结为“运气好”，但实际上所有的 10W+ 爆款笔记，背后都有类似的共同之处。

从选题、标题、封面到内容，每个细节都在为爆款的产生埋下伏笔。可能是精准踩中了用户需求，也可能是深刻引发了用户共鸣，又或者恰好符合了平台的推荐算法。

爆款内容的核心是：让用户看了想点击，想评论，想分享。而平台算法决定了是否能产生更大的曝光。爆款的核心并不神秘，实际上有明确的经验和规律可以挖掘。

▶ 一、爆款内容能满足用户需求

首先，爆款内容的诞生离不开“用户需求”这一关键因素。用户有明确的需求，他们想要被满足、被共鸣、被启发。写护肤内容，得让人看到效果；写穿搭技巧，得让人觉得有用；写情感故事，得让人忍不住代入自己的情绪。

很多爆款背后的本质都是如此。你必须了解你服务的群体在想什么，想要什么，并且通过精准的表达给他们一个有感的“钩子”。要知道，内容的吸引力不是空洞的，而是要与用户的需求对接。

成功的爆款内容具有鲜明的针对性和实用性，因为它们能抓住用户痛点，引发用户共鸣。

▶ 二、爆款内容能让用户有情绪共鸣

情绪共鸣是让用户主动传播的关键。有时用户转发不是因为笔记好，而是因为它表达了他们想说但没说出口的东西，也就是我们常说的“互联网嘴替”。

比如，“礼物清单”这个选题就是特别能够引起情绪共鸣和热度的讨论点，有人共鸣、有人反驳、有人争论，一条内容就能引发几百条互动（见图 4-1）。平台一看数据不错，赶紧推上去继续发酵。这就是用情绪制造爆款的典型操作。

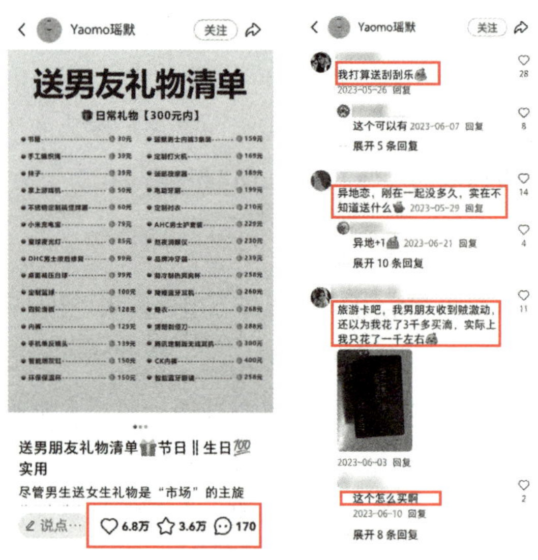

图 4-1　爆款笔记引发情绪共鸣

我们可以看到，情绪共鸣通常是引发高互动的核心因素。当情感得到共鸣时，用户就会产生强烈的表达欲望，愿意评论、转发，甚至跟随话题讨论。

一条讨论“职场升职加薪”的笔记（见图 4-2），基于众多

职场人的工作需求，不仅表达了很多人的心声，还通过引导互动激发了大量用户的情绪，最终形成爆款。

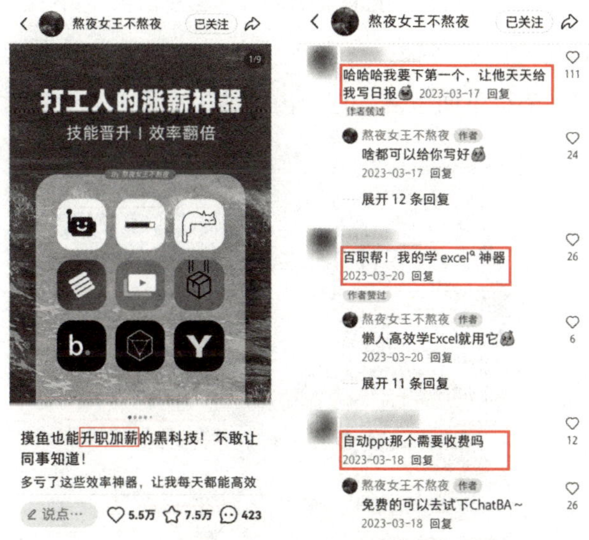

图 4-2　爆款笔记引发情绪共鸣

▶ 三、爆款内容能提供实用价值

实用价值也是非常重要的爆款元素。用户看到好玩新鲜的内容，可能会为之一笑，但看到能解决问题的干货内容，会立刻点赞、收藏。而且，实用性强的内容有很鲜明的共同点：能复制，能执行，能直接拿来用。

如果内容是单纯的干货或者理论，那么它的互动往往会趋于平稳，甚至很快降温。但如果内容能够带来具体的、可操作的价值，用户不仅会在评论区留言讨论，还会保存下来，日后在实际生活中拿出来使用。这种实用性强的内容，生命周期往往会比单纯的情绪化内容要长得多。

比如，“微胖女生秋冬穿搭避雷指南”这类内容（见图 4-3），直接告诉用户什么该买，什么别碰，甚至列出具体的单品推荐，用户收藏后能直接用上。这种内容，不光互动高，还会有超高的二次传播。有人买了衣服，穿上觉得不错，可能会再次回到笔记下面留言，这个内容的生命周期就会大大延长。

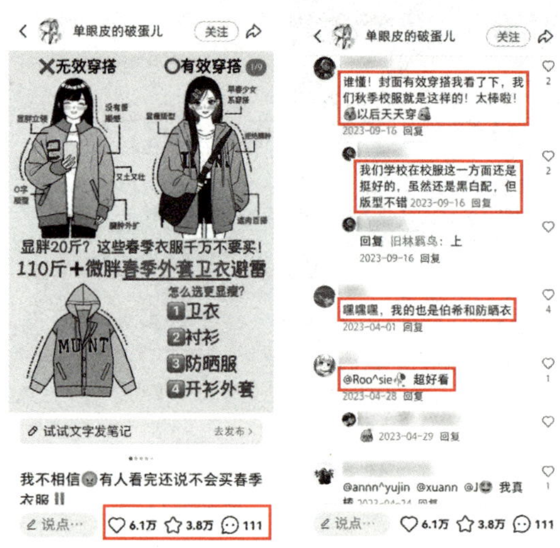

图 4-3　爆款笔记提供实用价值

爆款内容符合平台算法推荐规则

最后不得不提的是平台算法，它就像是一个放大器，将优质内容推向更多用户。小红书流量分发是有逻辑的——先让一小部分人看到，如果他们的互动数据好，就会让内容走向更广泛的受众群体。这就意味着，想要在小红书上成功打造爆款内容，你不仅需要了解用户需求，打动他们的内心，还需要符合平台规则，让算法帮你一把。

比如，关键词的埋入就很重要。一篇笔记如果埋对了平台的热门关键词，比如“速效美白”“大学生穿搭”“成分护肤”，被搜索和推荐的概率就会大幅提高。而且小红书本质上是一个视觉导向的社区，高质量的封面图会直接影响点击率。当然，标题也必须具备钩子效应，比如“穷鬼穿搭”“轻松实现校花梦”“大牌同款”“低成本白皮公式”等，都会让用户一眼看去就想点击。如图 4-4 所示。

图 4-4　爆款笔记埋入关键词

不仅如此，互动的设置也极为重要。一篇好的笔记不仅要有吸引眼球的标题和封面，还要善于引导用户参与评论、点赞或分享。这样一来，平台就能看到良好的数据反馈，从而进一步扩大推送范围。用户参与度高，平台便认为这条内容有“潜力”，于是就会将笔记推向更大的流量池，让它更广泛地获得曝光。

本节小结

爆款的本质到底是什么？

爆款内容的核心是：让用户看了想点击，想评论，想分享。

1. 爆款内容能满足用户需求。
2. 爆款内容能让用户有情绪共鸣。
3. 爆款内容能提供实用价值。
4. 爆款内容符合平台算法推荐规则。

4.2 封面优化：提升点击率的核心关键

4.2.1 高点击封面的七大爆款类型拆解

小红书的封面至关重要，一篇笔记能不能火，封面的影响力至少占了八成。封面是1，内容是0，没有前面的1，后面的内容哪怕再精彩，也毫无意义。

部分博主正是因为封面设计失误，导致自己辛苦创作的内容无人问津。这是一个非常现实的问题。那么，如何设计出好的封面，让用户情不自禁地想点进来看呢？首先，我们要了解优质封面都有哪些类型。

▶ 一、优质封面的7种类型

类型1：痛点选题+关键词聚焦

选题精准抓取用户痛点，明确用户需求和关注点，同时结合关键词聚焦，增强视觉冲击力，从而吸引目标用户观看。

如图 4-5 所示，第一个封面用到了“痛点选题 + 清晰字体 + 聚焦关键词”的组合。“33 岁，我靠心理咨询过上了理想生活”，这句话本身就具备了很强的吸引力，既有年龄代入感，又直击用户痛点。

第二个封面用“不喜欢现在的工作，又不知道自己擅长什么”作为大标题，直接点明用户心里在意又一直被困扰的问题，小标题进一步聚焦“天赋优势”，突出关键词。

图 4-5 “痛点选题＋关键词聚焦”型封面

封面的标题一定要精准聚焦用户的核心需求，例如“33 岁我靠心理咨询逆袭年入百万”。总之，标题越具体、越能解决用户痛点，效果越好。

类型 2：比例统一 + 内容垂直

第二种封面类型的关键在于统一设计元素的比例、位置、颜色、间距等基础视觉规范，同时突出垂直领域选题的核心关键词。

如图 4-6 所示，这些封面的基础元素统一不变，只是挑其中某几个部分进行微调，比如关键词“却有病”换成“创伤反应”，提高去重度，也保留了爆款封面的模板元素。

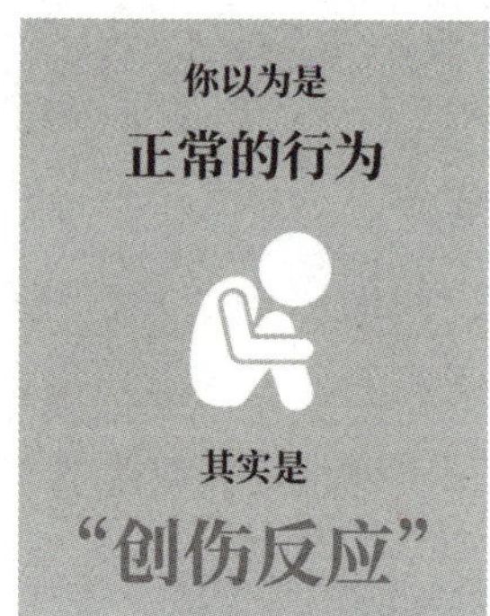

图 4-6 “比例统一＋内容垂直”型封面

类型 3：审美高级 + 氛围强化

这一类型的封面整体设计高级有质感，更注重色彩的合理搭配和画面氛围感的营造，通常采用偏柔和的背景和简洁的字体去呈现封面。

如图 4-7 所示的“窗边阅读”“咖啡馆写作”等场景化封面，给人营造出温馨、高质感的氛围。

很多用户可能会说：自己平时很少出现在这些场景中，缺少生活素材怎么办？

图 4-7 “审美高级＋氛围强化”型封面

其实方法很简单：我们可以在公众号、小红书等平台搜索“×××图片”，轻松找到这类风格的配图。这类图片特别适合用于生活方式、个人成长、心理咨询类内容创作。在制作封面时，通常我们可以选择一张高质感的图片作为背景，再通过设计进一步提升视觉吸引力。

类型 4：大字报 + 信息突显

这类封面通常采用超大字体呈现文字，既能清晰传递核心信息，又具有极强的视觉冲击力。当用户在信息流中刷到笔记时，能立即了解内容的大致方向，从而有效吸引目标受众。

如图 4-8 所示，大字报形式的封面通常采用简洁有力的文案直击主题，例如“HR 最讨厌的三句话”。在设计这类封面时，需要特别注意搭配简洁的背景（如纯色白板），来强化大字报的视觉冲击效果。

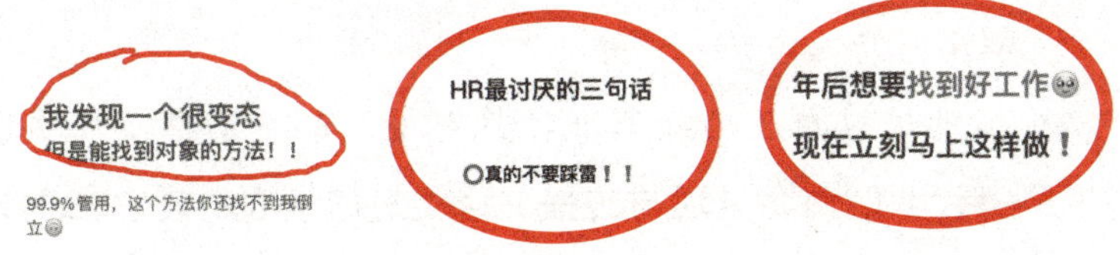

图 4-8 “大字报＋信息突显”型封面

类型 5：聊天记录 + 场景还原

这一类型的封面借助聊天截图或伪装成聊天记录的形式，去激发用户的好奇心，再通过里面的聊天记录内容，持续引发用户继续往下看的欲望。

例如，“crush 说做朋友，怎么办？”“要不要换工作？好迷茫”等聊天式封面（见图 4-9），让人感觉到真实、亲切，容易激发用户的点击欲望。大家几乎每天都会用到微信平台和别人聊天，对聊天页面本身自带一种很强的熟悉感。

聊天记录的封面形式尤其适合职场、情感、社交类话题。博主可以通过有代表性的聊天内容，并且突出关键词，去引导用户产生共鸣，进而点击笔记。

图4-9 “聊天记录+场景还原”型封面

类型6：备忘录+内容传播

备忘录式封面在小红书平台具有很高的普适性，几乎适用于所有行业的内容呈现与传播。这类封面最大的亮点在于其“随手记录”的天然属性，能够营造出真实自然的生活感，让内容更具亲和力。

备忘录式封面不仅好做，还能促进传播。比如从图4-10“挽救前任中的常见无效行为”“找工作一定要胆子大”“如何挖掘自己的天赋”中，我们不仅能直观看到封面关键词，还有充实的内容。

这类封面简洁、真实，容易让用户感觉到内容的实用性。如果能再注意使用简洁的背景和清晰的字体，就更能提高内容的可读性。

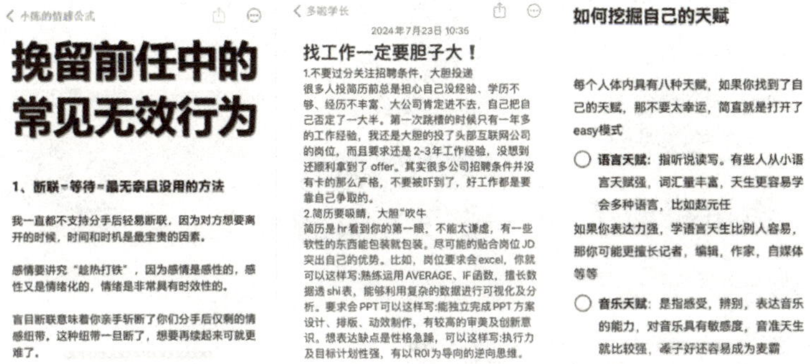

图 4-10 “备忘录＋内容传播”型封面

类型 7：热门表情包＋爆款元素

这一类型的封面，本质是利用热门表情包作为封面元素，并配合有趣或戏谑的文字，从而迅速吸引用户好奇和注意。

这类封面通常自带娱乐和传播属性，很容易在社交平台上获得高点击率和转发量。在使用这类封面时，可以选择当下比较火爆的表情包，并配上能引发用户共鸣的文字。

图 4-11 使用的表情包以及结合赛道做的关键词封面，比如“月老发现你了，你要脱单了”“被指到的人今年必结婚”“不是，你们面试真听不懂 HR 的潜台词吗”，就很有吸引力。

在账号刚起号阶段，我们就可以通过发布这样的帖子去快速测试账号，获取数据反馈！

▶ 二、高点击封面的设计原则

熟悉优质封面的类型后，接下来分享的是两大设计原则，这俩原则是打造高点击率封面的实操总结，我们在设计爆款封面的时候，要时刻记得把这些原则用上。

图 4-11 “热门表情包＋爆款元素”型封面

1. 简约突出原则：一眼就能抓住重点

用户的注意力极为宝贵，用户在刷小红书的时候，看一个封面的时间几乎不到 1 秒钟，要想快速抓住用户眼球，简约突出的原则就显得尤为重要。

具体来说，封面设计要遵循“一图一主题”原则，以确保每个封面只传递一个核心信息，避免在一个封面中混杂多个不相关主题，造成用户理解困扰。

主体突出是关键。可以使用对比色、光影效果或适当模糊背景等技巧，帮助主体在视觉上“跳”出来。记住，让封面中 80% 的注意力集中在 20% 的关键区域，这是抓住用户眼球的黄金法则。

文字应当精简有力。封面文字尽量控制在 4 ～ 6 个字，不超过 10 个字为宜，避免遮挡主体图像。字体要大一些，颜色要形成对比，位置要突出，确保文字信息能快速传递给观者。

2. 场景化原则：让用户有代入感

相比抽象概念，具体场景能够更有效地触发用户的情感共鸣和想象力。场景化原则强调将产品或主题放入特定情境中，让用户能够想象自己处于该场景的感受。

用户更喜欢看到“使用场景”而不是单纯的“产品”。例如，一款咖啡机的封面，相比产品白底图，将其放在温馨的厨房环境中，加上冒着热气的咖啡杯，更容易让用户产生购买欲望。

生活化场景更具亲和力。即便是专业性强的内容，也可以通过日常场景展示来拉近与用户的距离。假设我们做一篇财务管理方面的笔记，可以用“在咖啡馆整理账单”的场景作为封面，这比抽象的数字图表更容易引起用户共鸣。

此外，动态感能增强场景的吸引力。通过捕捉动作瞬间或暗示动态效果，能够为静态图像注入生命力。像洒落的咖啡粉、飞扬的裙摆或正在操作的手部特写，都能增加画面的动感和吸引力。

本节小结

一、7 种高点击爆款封面类型拆解

类型 1：痛点选题 + 关键词聚焦。

类型 2：比例统一 + 内容垂直。

类型 3：审美高级 + 氛围强化。

类型 4：大字报 + 信息突显。

类型 5：聊天记录 + 场景还原。

类型 6：备忘录 + 内容传播。

类型 7：热门表情包 + 爆款元素。

二、高点击封面的设计原则

1. 简约突出原则：一眼就能抓住重点。

2. 场景化原则：让用户有代入感。

4.2.2 AI 一键生成封面，提升内容视觉吸引力

上一节我们说，一张吸引人的封面图往往决定了笔记的点击率和传播力。但不是每个人都有设计师水平，也不是每个人都具备专业拍摄能力。

别急，AI 作图工具“即梦”能够当你的得力助手，让你在几分钟内创造出专业级的封面图，让你的内容在信息海洋中脱颖而出。

▶ 一、操作步骤：从零开始创建小红书封面

步骤 1：进入即梦作图平台

（1）打开浏览器，访问即梦官网：https://jimeng.jianying.com/AI-tool/home。

（2）在首页找到“AI 作图”功能区，点击“图片生成”，如图 4-12 所示。

图 4-12 即梦平台主页

（3）如果是首次使用，需要完成账号注册或登录，如图 4-13 所示。

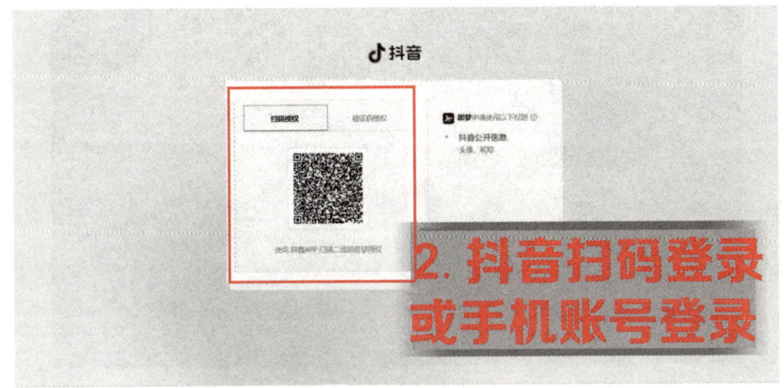

图 4-13　即梦登录页面

即梦支持多种登录方式，包括手机号、微信和抖音账号。登录后，你每天都有一定数量的免费使用次数。

步骤 2：选择合适的模型和画布比例

（1）在作图界面，选择“生图模型 2.1”（这是目前效果最好的版本）。

（2）设置画布比例为 3∶4（小红书封面的最佳比例）。

（3）分辨率选择 1024 × 1360（保证图片清晰度）。

小红书的封面图比例建议使用 3∶4 竖图，这样在信息流中能够获得最大的展示面积，不会被系统裁剪重要内容。如图 4-14 所示。

步骤 3：编写有效的提示词

提示词（Prompt）是决定生成图片质量的关键。一个好的小红书封面提示词通常包含以下要素：

（1）主体内容：明确描述你想要展示的主要对象。

（2）场景背景：设定合适的环境和背景。

（3）光线氛围：指定光线效果（如自然光、柔光、逆光等）。

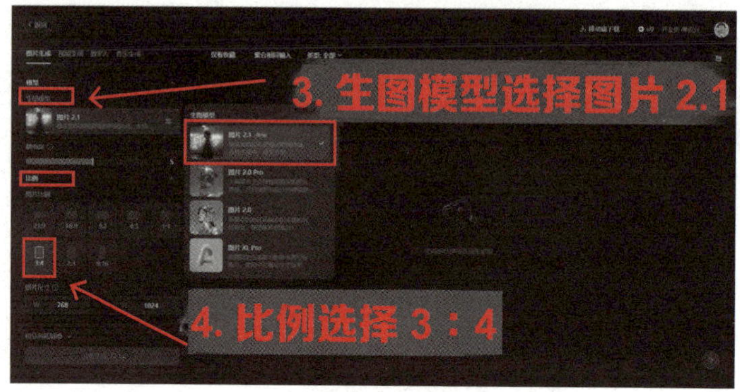

图 4-14　即梦作图示例

（4）色彩风格：确定整体色调和风格。

（5）构图方式：说明画面的构图和视角。

以美妆类内容为例，有效的提示词可以是：

> 高级感口红展示图，大理石背景，柔和自然光，奢华质感，微距特写，4K 超清，专业产品摄影风格

如图 4-15 所示。

图 4-15　即梦提示词示例

你看，生成的口红效果图，质感满满，女生看了都两眼发光！

如果你是书桌博主，我们可以用下面的提示词：

> ins 风桌面布置，高颜值、治愈系，桌面摆件、绿植、台灯、笔记本电脑，自然光拍摄，清新色调，视觉冲击力强。这种风格的图片能够吸引追求生活品质和美学的用户，适合分享日常桌面布置、学习或工作环境等内容。

你看，生成出来的效果图（见图 4-16）多么真实，有光影下的绿植，桌上的物品琳琅满目，特别美观，有氛围感。

图 4-16　即梦图片生成示例

如果你是家居博主，我们可以用下面的提示词：

> 北欧风客厅，米白色沙发搭配木质茶几，绿植点缀，柔和灯光，温馨氛围，自然采光，整体布局开阔，突出舒适与简洁。适合分享客厅布置、家居软装搭配等内容，吸引追求简约温馨生活风格的用户。

你看，生成的北欧客厅（见图 4-17），有低饱和色沙发和原木茶几，绿植与光影交织，通透布局自带治愈感，轻松拿捏温馨极简风，能精准戳中追求质感生活的用户。

图 4-17　即梦图片生成示例

步骤 4：用图片生成提示词

（1）找到一张好看的图片。

（2）将图片发送给 kimi 或豆包。

（3）粘贴提示词，比如“帮我写出能生成这张图片的描述词，要尽可能地描述清楚出现的物品，场景，光影，风格，摄影镜头，生成的每个词用逗号分隔”。如图 4-18 所示。

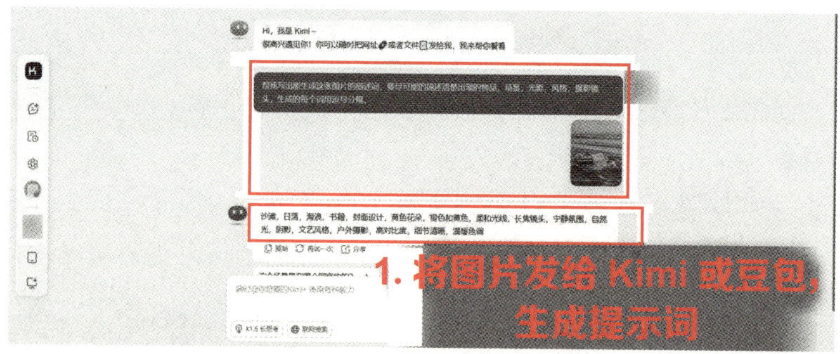

图 4-18　AI 图片提示词生成

（4）将生成的提示词发给即梦，如图 4-19 所示。

图 4-19　AI 图片提示词操作示例

步骤 5：生成并筛选图片

（1）输入提示词后，点击“立即生成”，如图 4-20 所示。

图 4-20　AI 图片生成示例

（2）系统会生成 4 张不同的图片供你选择。

（3）如果不满意，可以点击“重新生成”。

（4）找到满意的图片后，点击下载保存，如图 4-21 所示。

图 4-21　图片下载示例

即梦每次会生成多张图片，这给了我们更多选择空间。不要急于确定，多生成几组，从中挑选最符合预期的图片。

本节小结

AI 如何一键生成封面，提升内容视觉吸引力?

步骤 1：进入即梦作图平台。

步骤 2：选择合适的模型和画布比例。

步骤 3：编写有效的提示词。

步骤 4：用图片生成提示词。

步骤 5：生成并筛选图片。

4.3　标题打造：让用户无法忽视你的内容

4.3.1　高点击率标题的五大核心公式

在小红书内容创作中，标题是引流的第一步。它决定了你的内容是否能在众多竞争者中脱颖而出。一个高点击率的标题，能帮助你提升内容的曝光度和转化效果。

学习掌握高点击率的标题公式，不仅能通过结构化方法，减少标题创作的难度，还能吸引目标用户，提高内容的点击率和互动率，实现爆款赢利。

接下来，我将围绕高点击率标题的五大核心公式展开，帮助你轻松打造优质标题。

公式 1：数字 + 痛点 / 需求 + 承诺

这个公式适用于想吸引有明确需求或想解决某个问题的用户。

案例：

（1）健身类：比如“7 天瘦 5 斤的减肥食谱，简单又高效，让你快速减肥”。

（2）职场类：比如“10 个提升工作效率的小技巧，新手必看”。

（3）媒体类：比如“5 个内容公式，帮你轻松打造爆款内容”。

具体的数字再加上用户的关注点，更有冲击力和价值感，让用户对阅读回报的感受更直观，容易抓住重点；并且，在标题中融入承诺，可以明确告诉用户，这篇笔记适合哪些人，他们会从内容中获得什么，这能让用户直观感受到“这就是我需要的”。

公式 2：如何 + 痛点 / 需求 + 结果

第二个公式本质是“提问式标题”，当你希望激发用户的好奇心，让他们点击寻找答案时，可以尝试这个公式。

案例：

（1）健身类：比如“为什么你每天都运动，体重却不降反升？”

（2）情感类：比如“如何在30天内让crush对你刮目相看？”

（3）学习类：比如“为啥你学习很认真，却始终考不了好成绩？”

用“如何×××”“为什么×××”“怎么×××”开头的标题，会让用户本能地产生对答案的探寻欲。这种公式形成的标题通过预设矛盾或反常识结论，进而激发用户的好奇心与共鸣感，引发其点击笔记的冲动。

公式3：A和B+问题/冲突

这个公式通过对比去创造标题，其核心在于利用“比较心理”触发用户的自我代入，用户会天然关注自身所处的阵营，并且被你的内容吸引，从而产生验证或改赢利状的渴望。

案例：

（1）创业类：比如“普通人和成功人士的区别是什么？”

（2）职场类：比如“月薪3000和月薪3万的人，差距到底在哪里？”

（3）养生类：比如“减肥靠运动还是靠饮食？答案让人意外”。

当你希望通过对比的观点或结果去制造冲突感，激发用户想知道“为什么会有这样的情况”的欲望时，可以使用这个公式。

公式4：紧迫感+行动指引

第四个标题公式要利用好时间流量密码，时间稀缺性是促使用户点击的强效催化剂。通过倒计时的机制去制造紧迫感，激活用户的损失厌恶心理。其底层逻辑在于人对“即将失去”的敏感度远高于“可能获得”。

案例：

（1）咨询类：比如“限时 48 小时！教你如何挖掘自己的优势天赋”。

（2）健身类：比如“最后 7 天！免费领取私人定制减肥计划”。

（3）工具类：比如“最后 3 天！爆款标题生成工具免费试用”。

当你希望制造稀缺性或时间压力，推动用户即刻行动时，可以巧妙结合这类标题公式。通过制造紧迫感让用户感到“再不行动就会错过”，再给予具体的行动指引，明确告诉用户下一步该做什么。

公式 5：反常规 + 解决方案

当你希望挑战用户的固有认知，用新奇的角度去吸引用户点击笔记的时候，可以尝试这个公式。通过挖掘用户普遍认同但可能存在误区的观点，再用颠覆性的视角或观点吸引用户注意。

案例：

（1）成长类：比如“成功并不难，真正难的是坚持”。

（2）健身类：比如“减肥不是靠运动，而是靠吃！”

（3）职场类：比如“加班越多，升职越难？真相让人惊讶”。

当然，最好是依托真实的案例拆解或观点论证，将反常规观点和颠覆性结果结合起来，避免沦为标题党。

本节小结

制作高点击率标题的五大核心公式：

公式一：数字+痛点/需求+承诺。

公式二：如何+痛点/需求+结果。

公式三：A和B+问题/冲突。

公式四：紧迫感+行动指引。

公式五：反常规+解决方案。

4.3.2 AI速写标题：1秒生成10条爆款标题

很多小红书创作者都曾遇到这样的情况：内容早已完成，但苦思冥想一个吸引人的标题却要花上20分钟甚至更长时间。如今，随着AI技术的发展，这个过程可以被压缩到惊人的1秒钟。这不仅仅是时间的节约，更是内容创作效率的革命性提升。

当新手还在为文案阅读量少而头疼的时候，掌握AI标题生成技巧的创作者已经快速定位到真正有吸引力的标题方向，让阅读量暴增。下面让我们一起探索使用AI生成爆款标题的方法。

▶ 一、如何使用AI生成爆款标题

1. 结构化写法：有明确主题要求时，使用结构化元素下任务

如果你对想要输出的主题有明确想法和要求，比如就想做一个油皮护肤的爽肤水选题，你可以给到对应的结构化提示词任务，让AI帮你完成输出爆款标题的操作。

以下是一个用结构化写法描述的爆款标题创作提示词模板：

【角色身份】请你作为小红书爆文创作专家

【核心任务】为我生成 10 个关于“油皮适用的平价爽肤水”的爆款标题

【目标受众】18 ～ 28 岁油性肌肤女性

【标题要求】突出性价比，效果明显，实测感

接下来我们来看 AI 生成的爆款标题效果，如图 4-22 所示。

AI 会根据我们设定的身份任务和要求，以及对应的赛道和领域，生成符合要求的小红书爆款标题。

2. 案例投喂法：无明确主题要求时，投喂案例 + 学习优化

当你没有明确的主题需求，只是想了解爆款标题的制作规律或者希望获取制作灵感时，最好的方法是向 AI 提供成功案例，让它学习并优化。这种方法的核心在于让 AI 从成功案例中提取共性特征，再基于这些特征生成新的标题。

以下是一个实用的爆款标题创作提示词模板：

你是一位小红书爆文创作专家，我会给你小红书的爆款标题，请你总结这些爆款标题的特征，再想 ×× 个类似的标题，并以清单体的形式发送给我。

爆款标题如下：

1. 30 岁而已，一切来得及

2. 人生建议，闷声做个狠角色

3. 当了妈妈以后，请拼命提升这 10 个能力

4. 敏感、拧巴、内耗者，狠狠读这 7 本书

5. 35岁觉醒，爆发式的人生有多爽
6. 我发现，大女主只吃高级的苦
7. 清醒的脑子，都是眼泪换来的
8. 深耕自己，尽量不赚辛苦钱
9. 自律一年，我变成大家羡慕的样子
10. 33岁，我决定用一年时间改变自己

小红书爆款标题

【角色身份】请你作为小红书爆文创作专家
【核心任务】为我生成10个关于"油皮适用的平价爽肤水"的爆款标题
【目标受众】18～28岁油性肌肤女性
【标题要求】突出性价比，效果明显，实测感

已深度思考（用时 19 秒）

以下是10个针对"油皮适用的平价爽肤水"的爆款标题，结合高点击率公式和用户痛点设计，附带策略解析：

一、冲突感+权威背书

1. **《油皮穷鬼学生党狂喜！这瓶69块"吸油纸水"让我戒了800块神仙水》**
   ✅ 策略：价格反差（69 Vs 800）+功能具象化（吸油纸）+人群标签（学生党）
2. **《配方师私下透露：这瓶冷门国货才是油皮亲妈，1杯奶茶钱用到空瓶》**
   ✅ 策略：内幕信息（配方师）+性价比类比（奶茶钱）+情感绑定（亲妈）

二、痛点直击+效果可视化

3. **《大庆油田自救指南！空瓶3罐的百元内"灭火器"，早晚拍完直接哑光》**
   ✅ 策略：痛点外号（大庆油田）+效果描述（哑光）+使用证据（空瓶3罐）
4. **《油敏肌听劝！爆痘期用它湿敷5分钟，红痒出油全镇压（附20款测评数据）》**
   ✅ 策略：急救场景（爆痘期）+数据背书（20款测评）+动词冲击（镇压）

三、悬念制造+社交认证

5. **《被追着问链接的油皮神水！百元内居然含2%明星控油成分（附实验室报告）》**
   ✅ 策略：社交虚荣（被追链接）+成分背书（2%明星成分）+专业证据（实验室报告）
6. **《油痘肌一生推！这瓶冷门水居然上了日本Cosme黑马榜，70块用出700块效果》**
   ✅ 策略：榜单权威（Cosme）+价格反差（70 Vs 700）+情感绑定（一生推）

四、场景化+解决方案

7. **《40度高温实测！这瓶"油皮灭火器"让我的脸12小时不出油（附对比图）》**
   ✅ 策略：极端场景（40度高温）+时间量化（12小时）+视觉证据（对比图）
8. **《油皮早八人速囤！3泵拍完直接上妆不浮粉，百元内居然有这宝藏》**
   ✅ 策略：场景绑定（早八人）+痛点解决（不浮粉）+宝藏体（意外感）

五、数据化+情绪煽动

9. **《测评30款！油皮回购率No.1的竟是这瓶88块"毛孔吸尘器"，闭眼冲！》**
   ✅ 策略：测评体量（30款）+功能昵称（吸尘器）+行动指令（闭眼冲）
10. **《油敏肌含泪警告！这瓶百元水救我狗命，红痒爆皮一夜回春（附急救教程）》**
    ✅ 策略：情感冲击（含泪警告）+急救效果（一夜回春）+附加价值（教程）

图 4-22　AI 生成的爆款标题

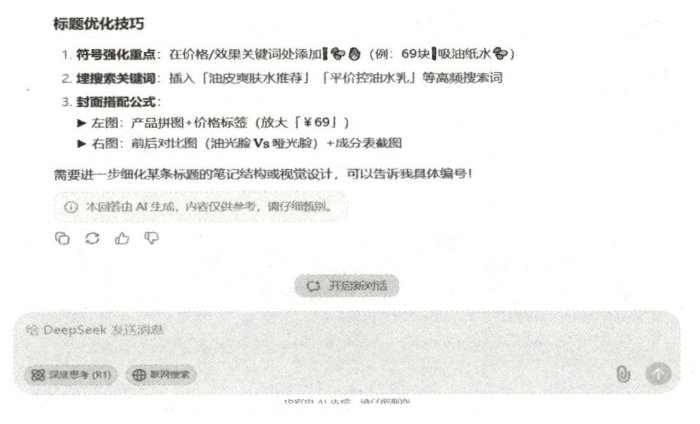

图 4-22 （续）

我们用表 4-1 来解析这个爆款标题创作提示词模板：

表 4-1　案例投喂法创作提示词要素分析

角　　色	小红书爆文创作专家
任务	我会给你小红书的爆款标题，请你总结这些爆款标题的特征，再想 ×× 个类似的标题
要求	以清单体的形式发送给我
爆款标题案例	1.30 岁而已，一切来得及 2. 人生建议，闷声做个狠角色 3. 当了妈妈以后，请拼命提升这 10 个能力 4. 敏感、拧巴、内耗者，狠狠读这 7 本书 5.35 岁觉醒，爆发式的人生有多爽 6. 我发现，大女主只吃高级的苦 7. 清醒的脑子，都是眼泪换来的 8. 深耕自己，尽量不赚辛苦钱 9. 自律一年，我变成大家羡慕的样子 10. 33 岁，我决定用一年时间改变自己

通过使用这个模板，AI 会分析这些爆款标题的共同特征，如情感诉求、数字使用、关键词选择等，然后生成具有类似特

征的新标题。这些新标题很可能也具有较高的点击率潜力，如图 4-23 所示。

小红书爆款标题创作指南

已深度思考（用时 23 秒）

【小红书爆款标题核心特征总结】

1 数字法则：年龄/数量增强可信度（30岁、10个能力、7本书）
2 情绪张力：用「爆发式」「羡慕」「觉醒」「狠角色」等词制造情绪钩子
3 痛点狙击：直击敏感/内耗/辛苦等当代焦虑命题
4 身份标签：精准锚定人群（宝妈/30+女性/高敏感人群）
5 行动号召：动词+时间强化改变决心（深耕/自律一年/用一年时间）
6 高级感包装：用「高级苦」「爆发式人生」提升内容价值感
7 对比冲突：现状与蜕变形成爽感落差（拧巴内耗→读书自救；眼泪→清醒头脑）

【新创作20个爆款标题】

1. 26岁突然开窍：存钱才是顶级自律
2. 停止摆烂！25岁前必养的6个吸金体质
3. 被裁员后才明白，这4种能力越早练越好
4. 全职妈妈觉醒：用碎片时间赚到第一个50w
5. 28岁重启人生，我靠这5个习惯逆袭
6. 高敏感人群自救指南 | 这8部纪录片能救命
7. 拒绝假努力 | 真正厉害的人都在吃「复利苦」
8. 工资5k到3w：我悟透了这3条赚钱法则
9. 职场妈妈爆发式成长，每天偷2小时够用了
10. 把脑子变值钱 | 25～35岁请死磕这7项技能
11. 被同事孤立那年，我逼自己读了12本书
12. 32岁未婚未育，我活成了朋友圈的传说
13. 认知觉醒 | 女生转运从「戒掉廉价感」开始
14. 焦虑到失眠？这5个强者思维让我脱胎换骨
15. 从社恐到销冠：我学会了给嘴装上开关
16. 带娃三年重返职场，我靠这3招碾压95后
17. 停止讨好 | 30岁才懂的「冷血生存法则」
18. 被出轨后重生：赚钱和变美才是终极复仇
19. 低学历逆袭 | 我靠信息差甩开同龄人十条街
20. 狠心卸载抖音的365天，人生真的会开挂

爆款公式 = 痛点/年龄/身份 × 数字量化 × 情绪动词 × 反差对比
建议多用「爆发式」「顶级」「碾压」「逆袭」等爽感词，叠加「自救」「偷时间」「信息差」等场景化关键词，持续测试不同用户群体的情绪燃点~

图 4-23　AI 爆款标题生成结果

这种方法特别适合于成长、自我提升、职场发展等领域的内容创作者。这些领域的爆款标题通常具有强烈的情感共鸣和个人成长的叙事，能够有效触动目标受众。

本节小结

AI 如何 1 秒生成 10 条爆款标题？

1. 结构化写法：有明确主题要求时，使用结构化元素下任务。

2. 案例投喂法：无明确主题要求时，投喂案例+学习优化。

4.4 文案写作：增强用户共鸣，提高笔记完读率

4.4.1 爆款文案的共性和流量密码

小红书笔记页面的文案区域可起到传达笔记内容主题的作用，虽然图片和视频能带来直观的视觉冲击，但很多关键信息还是需要通过文字来完整呈现。

比如，在分享美妆产品时，补充说明质地感受、成分特点；推荐餐厅时，详细描述菜品的口味层次、人均预算；介绍穿搭时，备注面料触感、搭配技巧、性价比分析等细节，能让分享更有温度，也更具参考价值。

这正是小红书的独特之处：真实的体验，细致的分享。用文字为画面注入灵魂，图文结合的形式让每一篇笔记都成为值得信赖的生活指南。

▶ 一、爆款文案的六大类型

类型 1：开头引用金句或名人故事

用金句、名人故事来开头，能在极短时间内抓住读者眼球，显著提升用户的停留率。

从用户心理层面，名人背书和金句能快速建立信任感，尤其在小红书这种强种草场景中，当用户看到“张爱玲曾写道”“马斯克公开推荐”等表述时，会自然降低对广告内容的防御心理，更容易接受后续的分享信息。

如图 4-24 所示，生活博主“代小代の生活美学”笔记里提到的艾默生的名言，情感博主“慕卿久”提到的毛姆语录，都能够更好地激发用户共鸣，吸引用户继续阅读完整笔记。

这种表达方式既自然又有说服力，是提升内容转化率的有效方法。

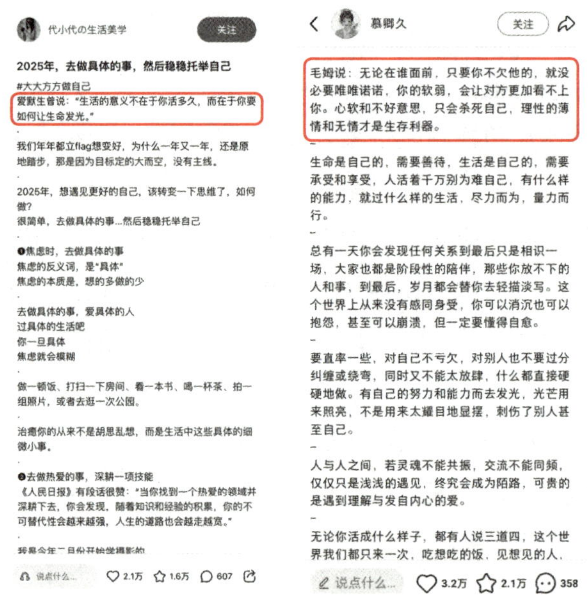

图 4-24　开头引用金句或名人故事

类型 2：陈列干货，凸显价值感

小红书用户最看重的是快速获取实用信息，而“分点罗列 +

数字量化”的文案形式正好满足这一需求。数据显示，这类结构清晰的笔记收藏和转发量通常比普通文案高出 30% 左右。

如图 4-25 所示，“陈知微”的“120 条普通女生成长建议”和“Sandra 的改造收纳研究所”的“收纳整理的 5 个核心原则”，配合分点式正文，能让用户一眼就判断出内容价值，自然愿意花更多时间阅读。

图 4-25　陈列干货，凸显价值感

具体数字（如“3 个步骤”“7 个注意事项”）比笼统描述更有说服力，也更容易被平台算法识别为优质干货，从而推荐给更多有需要的用户。

这种内容呈现方式既直观又高效，特别适合小红书这样的实用型内容平台。

类型 3：总分总结构

总分总结构在小红书平台广受欢迎，主要因为它符合用户的阅读习惯和平台的内容推荐机制，完美契合了用户从“被吸引”到“理解”到“行动”的认知逻辑。

这种结构采用“开头点明主题，中间详细说明，最后总结强化”的方式，能让用户在短时间内快速抓住重点，获得实用价值。

比如“她她她……”博主的“高情商夸人技巧”和“白无泪”博主的“求职困境的另类解法”，都成功运用了这种结构。笔记先抛出核心观点吸引读者注意，再用具体案例或步骤详细说明，最后给出可操作的建议，让用户看完就能用。

这种写法既保证了内容的完整性和深度，又照顾到移动端用户的碎片化阅读习惯，是提升笔记互动率的有效方法。

类型 4：利用痛点痒点

“痛点 + 痒点”的内容策略之所以能持续引发共鸣，关键在于它同时触动了用户的现实需求和理想期待。这种写作方法通过两个步骤有效提升内容吸引力。

首先，通过指出常见问题建立连接。比如“25 岁后胶原蛋白断崖式流失”“工资 5 年没涨可能是这 3 个习惯害的”等表述，能立即引发用户的认同感。这种基于真实困扰的内容，往往更容易获得关注。

其次，提供解决方案并创造价值。在指出问题后，给出实用建议或改善方法，让读者看到改变的可能。如图 4-26 所示的

“樊樊的养生笔记”分享的提升精力方法，“Miraitowa”建议的情绪调节技巧，都能给用户带来实际帮助。

这种先提出问题再给出解决方案的方式，既符合小红书用户寻求解决方案的浏览习惯，也顺应平台“实用分享”的内容导向。

当一篇笔记能同时唤醒读者的焦虑与希望，它就已经赢在了流量起跑线上。

图 4-26　利用痛点痒点

类型 5：结果强烈对比

“前后有对比”的文案之所以能打动人心，在于它讲述了一个真实的改变故事。这种叙事方式让用户不仅看到问题，更看到改变的可能。

如图 4-27 所示，“新的芮拉”分享的性格成长经历，没有简单说教，而是通过具体场景的对比，展现从怯懦到自信的真实转变过程，这种有血有肉的分享，比抽象的理论更有感染力。“阿芒教道法”的职业发展对比也是如此，用亲身经历勾勒出清晰的成长轨迹。

这类内容之所以能引发共鸣，是因为它们都把握住了一个关键——“改变需要示范，而不是说教”。当用户看到与自己相似的困境，又看到切实可行的解决方案时，自然会产生“我也可以”的信心。这也正是小红书用户最珍视的实用价值——不仅指出问题，更照亮前路，因为每个人都希望变得更好。

图 4-27　结果强烈对比

类型 6：晒背书实力，强化真实感

“晒背书”式内容之所以能在小红书持续获得良好反响，关键在于它们用事实说话。这类笔记通过真实的成绩单、收入证明或专业认证，让抽象的建议变得具体可信。

如图 4-28 所示，“爱生活的梦（养身版）”分享的“打工两年半攒够出国留学的钱”的经历，用实际的存款数字和申请过程，让“财务规划”这个主题变得生动可感。用户不仅能从中获得启发，更会产生“我也可以做到”的动力。

比如“二十四怪”在“考研英语真题怎么刷”中，分享自己从基础薄弱到全对的逆袭过程，用真实成绩为内容背书，这种亲身经历比空谈方法更有说服力，自然能赢得用户信任。

在当下内容过载的环境里，用户更看重真实可靠的分享。能展示实际成果的笔记，往往更容易获得认可和传播。毕竟最有价值的内容，永远是那些经得起检验的真实故事。

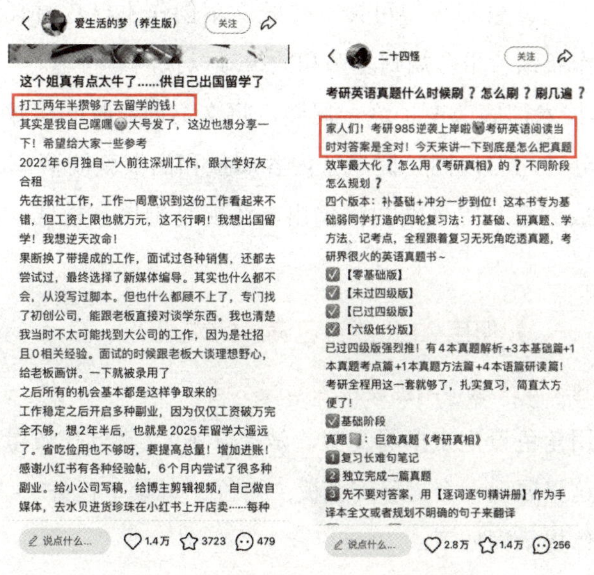

图 4-28 晒背书实力，强化真实感

本节小结

爆款文案的六大类型：

类型 1：开头引用金句或名人故事。

类型 2：陈列干货，凸显价值感。

类型 3：总分总结构。

类型 4：利用痛点痒点。

类型 5：结果强烈对比。

类型 6：晒背书实力，强化真实感。

4.4.2　AI 创作文案：1 分钟搞定 10 W + 爆款文案

在小红书平台上，创作者常面临这样的情况：花一天时间写文案，阅读量却少得可怜。传统文案创作不仅耗时耗力，还面临创作瓶颈、平台规则复杂和效果难以预测等问题。

AI 技术彻底改变了这一局面，将文案创作时间从数小时压缩至 1 分钟左右，同时提高了内容质量和出爆款的概率。AI 能快速生成创意、提供结构化输出，还能复制爆款模式，保质又保量！

▶ 一、如何用 AI 生成自己满意的文案？

1. 剧场演绎法：角色设定构造提示词

使用角色设定来撰写文案，是提升 AI 文案创作质量的基础方法。这里展现一个提示词模板：角色 + 背景 + 任务

具体提示词如下：

角色：你是一位 ×× 领域的资深小红书博主，专注于分享 ××，已经积累了丰富的小红书图文笔记制作经验。

背景：你准备发布一篇关于 ×× 的图文笔记，需要撰写一份吸引人且实用的文案。

任务：请你输出关于 ×× 领域的爆款文案。

我们用表 4-2 来解析一下这个方法的提示词结构。

表 4-2　剧场演绎法提示词要素分析

角色	你是一位 ×× 领域的资深小红书博主，专注于分享 ××，已经积累了丰富的小红书图文笔记制作经验
背景	你准备发布一篇关于 ×× 的图文笔记，需要撰写一份吸引人且实用的文案
任务	请你输出关于 ×× 领域的爆款文案

这个方法的优势在于：

（1）角色定位明确：通过设定特定领域的专业身份，让 AI 能够从专业角度思考问题。

（2）背景信息充分：提供创作背景和目标，让 AI 理解内容的用途和受众。

（3）任务目标清晰：要求 AI 不仅仅是进行简单的输出，还需要结合目标主题创作出符合特定要求的内容。

以下是一个实际应用的例子，展示如何使用这个模板创作职场领域的文案。

角色：你是一位职场领域的资深小红书博主，专注于分享职场干货和成长经验，已经积累了丰富的小红书图文笔记制作经验。

> 背景：你准备发布一篇关于职场新人如何快速适应工作的图文笔记，需要撰写一份吸引人且实用的文案。
>
> 任务：请你输出关于职场新人如何快速适应工作的爆款文案。

我们用表 4-3 来解析一下这个爆款文案提示词模板。

表 4-3　剧场演绎法提示词要素分析

要素	内容
角色	你是一位职场领域的资深小红书博主，专注于分享职场干货和成长经验，已经积累了丰富的小红书图文笔记制作经验
背景	你准备发布一篇关于职场新人如何快速适应工作的图文笔记，需要撰写一份吸引人且实用的文案
任务	请你输出关于职场新人如何快速适应工作的爆款文案

接下来我们来看 AI 生成的爆款文案效果，如图 4-29 所示。

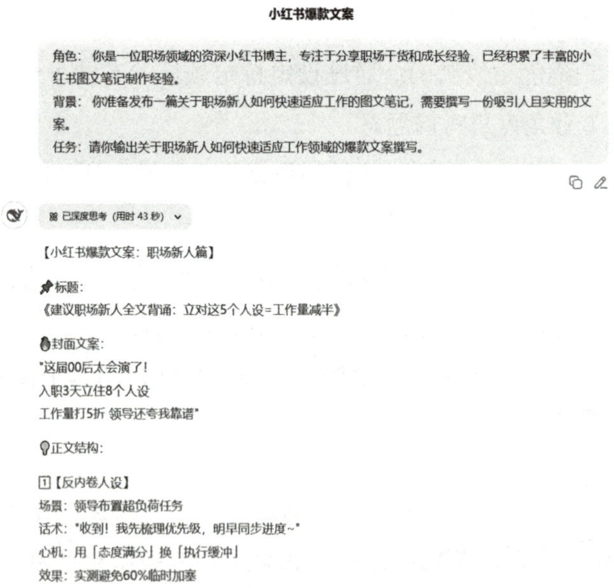

图 4-29　AI 生成小红书职场笔记文案

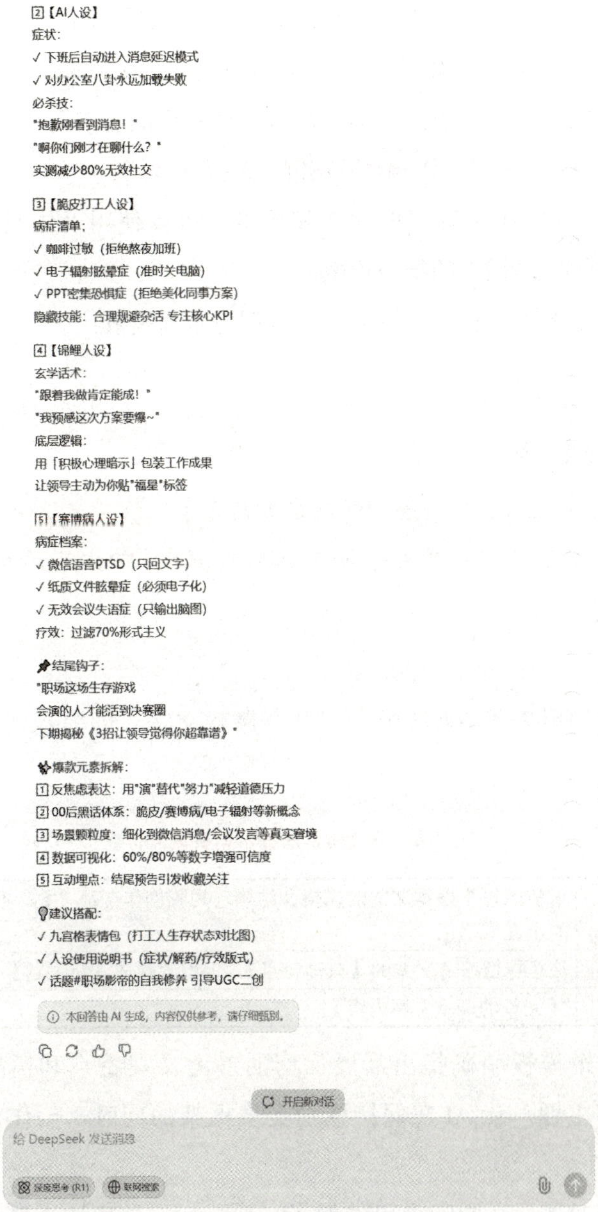

2【AI人设】
症状：
✓ 下班后自动进入消息延迟模式
✓ 对办公室八卦永远加载失败
必杀技：
"抱歉刚看到消息！"
"啊你们刚才在聊什么？"
实测减少80%无效社交

3【脆皮打工人设】
病症清单：
✓ 咖啡过敏（拒绝熬夜加班）
✓ 电子辐射眩晕症（准时关电脑）
✓ PPT密集恐惧症（拒绝美化同事方案）
隐藏技能：合理规避杂活 专注核心KPI

4【锦鲤人设】
玄学话术：
"跟着我做肯定能成！"
"我预感这次方案要爆~"
底层逻辑：
用「积极心理暗示」包装工作成果
让领导主动为你贴"福星"标签

5【赛博病人设】
病症档案：
✓ 微信语音PTSD（只回文字）
✓ 纸质文件眩晕症（必须电子化）
✓ 无效会议失语症（只输出脑图）
疗效：过滤70%形式主义

📌结尾钩子：
"职场这场生存游戏
会演的人才能活到决赛圈
下期揭秘《3招让领导觉得你超靠谱》"

🛠爆款元素拆解：
1 反焦虑表达：用"演"替代"努力"减轻道德压力
2 00后黑话体系：脆皮/赛博病/电子辐射等新概念
3 场景颗粒度：细化到微信消息/会议发言等真实窘境
4 数据可视化：60%/80%等数字增强可信度
5 互动埋点：结尾预告引发收藏关注

💡建议搭配：
✓ 九宫格表情包（打工人生存状态对比图）
✓ 人设使用说明书（症状/解药/疗效版式）
✓ 话题#职场影帝的自我修养 引导UGC二创

ⓘ 本回答由 AI 生成，内容仅供参考，请仔细甄别。

开启新对话

给 DeepSeek 发送消息

深度思考 (R1)　联网搜索

内容由 AI 生成，请仔细甄别

图 4-29 （续）

使用这个指令，AI会明确知晓我们设定的角色和目标，然后创作出精彩的职场新人适应工作的文案。关键是，有了角色和背景的限制，产出的文案能高度契合我们的需求。

2. 爆款借鉴法：仿照爆款案例，进行AI再创

为提高AI文案创作效率和质量，可以使用"仿照案例风格，【做某件事】"的指令模板。

话不多说，直接上爆款文案再创提示词模板：

> 请仿照以下爆款文案的风格和结构，为我创作一篇"【具体主题】"的小红书笔记：
>
> 参考文案："【完整的爆款文案内容】"
>
> 注意保留参考文案的【具体特点】，但内容换成【新主题】。

我们用表4-4来解析一下这个爆款文案二创提示词模板的结构：

表4-4　爆款借鉴法提示词要素分析

任务	请仿照以下爆款文案的风格和结构，为我创作一篇"【具体主题】"的小红书笔记
要求	注意保留参考文案的【具体特点】，但内容换成【新主题】
案例	"【完整的爆款文案内容】"

这个模板明确指出需要保留的参考文案特点和需要替换的内容主题，让AI在保持成功文案框架的同时，创作出全新内容。

以下是一个实际应用的例子，展示如何使用这个模板创作

敏感肌底妆推荐的文案。

> 请仿照以下爆款文案的风格和结构，为我创作一篇“敏感肌底妆推荐”的小红书笔记。
>
> 参考文案：
>
> “姐妹们！终于找到了油皮救星💯三款平价精华测评
>
> ✅ 第一款：欧莱雅小安瓶
>
> 一抹化水，油皮必备！连续用一周，闭口消失，油光蒸发✨不到 200 块，平价中的战斗机！
>
> ✅ 第二款：玉兰油小白瓶
>
> 改善肤质效果明显，用后皮肤又滑又嫩，闭口也在慢慢消失，油皮福音！
>
> ✅ 第三款：薇诺娜 B5 修护精华
>
> 温和不刺激，修护屏障专用！敏感肌也能用，控油效果一流，熬夜党必备！
>
> 油皮姐妹快收藏！这三款都是我反复测试后的心头好，再也不用担心出油冒痘啦💗
>
> 注意保留参考文案的情感表达、emoji 使用和短句结构，但内容换成敏感肌底妆推荐。

我们用表 4-5 来解析一下这个爆款文案二创提示词模板。

表 4-5　爆款借鉴法提示词要素分析

任务	请仿照以下爆款文案的风格和结构，为我创作一篇“敏感肌底妆推荐”的小红书笔记
要求	注意保留参考文案的情感表达、emoji 使用和短句结构，但内容换成敏感肌底妆推荐

续表

案例	"姐妹们！终于找到了油皮救星💯三款平价精华测评 ✅ 第一款：欧莱雅小安瓶 一抹化水，油皮必备！连续用一周，闭口消失，油光蒸发✨ 不到200块，平价中的战斗机！
案例	✅ 第二款：玉兰油小白瓶 改善肤质效果明显，用后皮肤又滑又嫩，闭口也在慢慢消失，油皮福音！ ✅ 第三款：薇诺娜B5修护精华 温和不刺激，修护屏障专用！敏感肌也能用，控油效果一流，熬夜党必备！ 油皮姐妹快收藏！这三款都是我反复测试后的心头好，再也不用担心出油冒痘啦💗"

使用这个指令，AI会生成类似这样的内容，如图4-30所示。

生成的文案保留了原参考文案的情感表达、emoji使用和短句结构，同时内容已经完全转换为敏感肌底妆推荐，符合创作需求。

这种方法让AI快速掌握已被市场验证的成功模式，同时根据创作者的要求进行了适当创新，避免完全照搬导致的同质化问题。

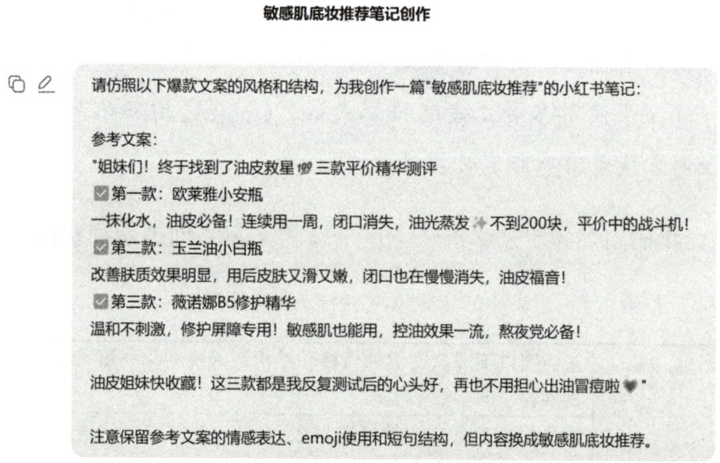

敏感肌底妆推荐笔记创作

请仿照以下爆款文案的风格和结构，为我创作一篇"敏感肌底妆推荐"的小红书笔记：

参考文案：
"姐妹们！终于找到了油皮救星💯三款平价精华测评
✅第一款：欧莱雅小安瓶
一抹化水，油皮必备！连续用一周，闭口消失，油光蒸发✨不到200块，平价中的战斗机！
✅第二款：玉兰油小白瓶
改善肤质效果明显，用后皮肤又滑又嫩，闭口也在慢慢消失，油皮福音！
✅第三款：薇诺娜B5修护精华
温和不刺激，修护屏障专用！敏感肌也能用，控油效果一流，熬夜党必备！

油皮姐妹快收藏！这三款都是我反复测试后的心头好，再也不用担心出油冒痘啦🖤"

注意保留参考文案的情感表达、emoji使用和短句结构，但内容换成敏感肌底妆推荐。

图4-30 AI生成示例

敏感肌底妆推荐笔记创作

可能需要确认产品的真实性和适用性，避免推荐不存在的产品，但用户可能只是需要结构，所以可以用常见品牌作为例子。比如雅漾、理肤泉、珂润都是敏感肌常用的品牌。

最后，结构是否符合：开头吸引人，三个产品点，每个有✅，卖点、效果、价格，结尾呼吁行动。确保没有遗漏任何部分，并且转换内容准确，从油皮精华到敏感肌底妆。

"红血丝姐妹看过来‼️烂脸期也能用的底妆神器合集
✅第一款：雅漾舒缓粉底液
烂脸期救命神器！0酒精0香精🍃上脸不闷痘不刺痛✨遮红血丝一绝！质地像乳液一样贴肤，敏感肌本命粉底！
✅第二款：理肤泉特安气垫
医美后都能用的养肤底妆！含神经酰胺修复屏障💧爆皮期拍两下秒变妈生好皮！自带SPF30防晒值，敏肌懒人福音！
✅第三款：珂润矿物粉饼
过敏期绝配！纯物理防晒型粉饼🌿扫一层毛孔油光全消失！成分表比纯净水还简单，戴口罩都不泛红！

亲测这三款连用三周不烂脸！皮肤脆弱期也能美美伪素颜🖤（附上对比图）敏感肌姐妹快码住！一杯奶茶钱买来的安全感不香吗！！"

开启新对话

图 4-30 （续）

本节小结

如何用 AI 生成自己满意的文案？

1. 剧场演绎法：角色设定构造提示词。
2. 爆款借鉴法：仿照爆款案例，进行 AI 再创。

第五章

AI 赋能：

进阶运营策略，撬动算法杠杆

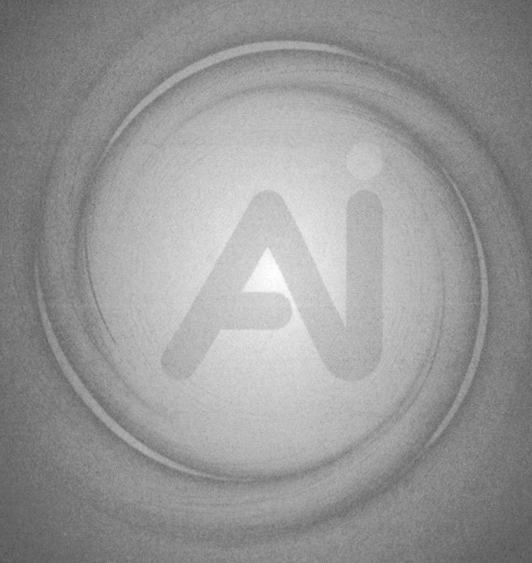

5.1 AI 引流：高效引流方法，精准获客源源不断

5.1.1 引流的三大核心认知

在当下，引流已不再是简单的导流行为，而是需要系统思考和精细运营的科学。这些年我看到太多创业者因为对引流缺乏具体了解而盲目入局，在引流路上频繁踩坑，账号被限流甚至封禁。

为此，掌握引流的核心认知和注意事项就显得尤为重要，它能帮你在激烈的内容竞争中脱颖而出，少犯不必要的错误，建立可持续发展的赢利路径。

▶ 、核心认知 ：引流是价值转化的过程，而非简单导流

很多小红书创作者误以为引流就是把用户从公域引到私域，这种理解太表面化了。真正的引流应该是价值传递和转化的过程。

用户在小红书浏览你的笔记内容时，首先感受到的是你提供的价值。只有当用户真正认可这种价值，并相信在你的私域里能收获更多价值时，才会愿意跟随你的引流路径去找你。

成功的引流策略必须建立在为用户创造实质性价值的基础上。你的笔记内容必须足够有吸引力，能解决用户的实际问题或满足其痛点需求，而你在私域提供的价值，必须是公域价值的延伸和深化，围绕为用户解决问题、提供具体价值的思路去执行，而非简单重复公域内容。

如图 5-1 所示，你是分享考研内容的博主，在小红书分享的考研内容获得了不错的反馈。当用户被你的笔记内容吸引时，如果你在笔记中适当展示“考研 ×× 答题汇总”“×× 口语模

板”，甚至在评论区适当留下水军，并确实会提供这些高价值内容，用户就会自然而然地跟随你的引导。

图 5-1　考研笔记引流案例

▶ 二、核心认知二：引流需要系统化思维，而非单一技巧

很多小红书创作者热衷于寻找“引流秘籍”，试图通过单一的引流路径实现完美引流结果，这种思维比较片面，会导致短视，甚至会踩坑，最终让他一败涂地。事实上，引流不是靠某种神奇技巧就能持续成功的，而是需要构建完整的系统。

系统化引流思维包括 2 个关键要素。

1. 构建完整的引流漏斗

从用户首次接触你的内容，到关注你的账号，再到进入你的私域，最后转化为付费客户，每一环节都需要精心设计。“内容笔记—主页账号—收藏关注—引流微信—私域转化”的整个环节，就好比一个大漏斗，需要一步步去筛选。

如图 5-2 所示，我的小红书私教学员“职业咨询师诸葛莉”，就是专门帮助更多人找到人生目标和实现职业转型的博主，她真诚分享职业规划相关干货，引起观众的认可和关注。

她单独置顶了一条关于自己和产品介绍的笔记，虽然点赞只有 44 个，但评论有 21 条，并且在获得第 25 个粉丝的时候就实现成交，是非常值得新人学习对标的案例。

图 5-2　职场赛道学员引流赢利案例

2. 建立多渠道协同策略

小红书内部的引流渠道包括笔记内容、评论区、私信、群聊等，这些渠道各有特点。

比如笔记内容里可以通过埋入客户案例、行业资料的方式去设置引流钩子；评论区可以通过引导用户主动私信或入群等方式；可以主动私信精准客户或给主动私信来的客户发引流素材等；群聊则可以通过小号去发布引流内容吸引精准客户到微信。

方式多种多样，如何去建立多渠道的引流策略，我们在下一小节引流技巧里会具体讲解。

▶ 三、核心认知三：引流需要和私域做好衔接，而非单独一环

引流的根本目的，是将平台赋予的临时流量转化为自己可控的私域资产。所以不是单纯将客户引导到私域就算大功告成了，更重要的是后续运营和转化。

为什么有的人引流100个粉丝可以转化赢利六位数，有的人引流1000个粉丝却只有一个人买单？因为引流不单要看数量，更看重质量，还有后续的私域销售转化路径的承接和产品的转化力度。

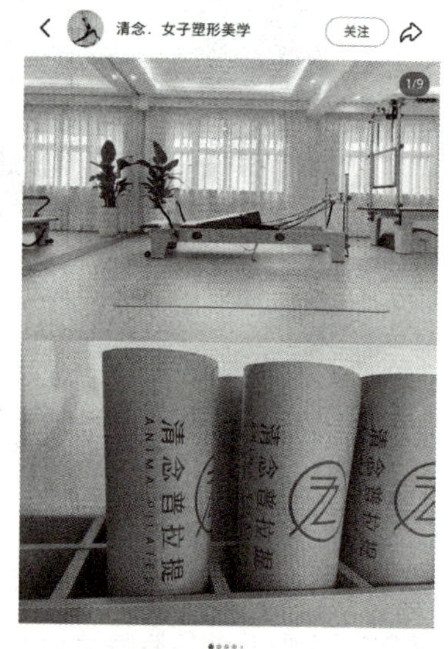

图5-3　低赞引流赢利高客单学员笔记案例

如图5-3所示，我的一位瑜伽普拉提赛道的学员“清念.女子塑形美学”，只有1个赞的小红书笔记，表面平平无奇，却和我报喜说，通过私信引流获客，成功转化了客单价5位数的瑜伽年卡。

分析原因，之所以她能够靠着低赞实现交易闭环，一方

面是因为“贵阳”“有温度”“普拉提工作室”等具体关键词，打上了城市标签和领域标签，吸引精准客户资源；另一方面，引流客户到微信销售谈单时展现出极强的专业性和实力。

私域甚至可以面对面地交流，极大地提升用户对你的信任感。而且私域是你自己的资产，可以通过朋友圈、社群、公众号，不断地触达用户，培养信任感，促成交易和长期复购。

总之，引流不是终点，而是起点。坚持引流，在将用户引入私域后，再重点考虑如何通过有效运营将其转化为忠实客户，这才是决定引流最终价值的关键因素。

本节小结

引流的三大核心认知：

核心认知一：引流是价值转化的过程，而非简单导流。

核心认知二：引流需要系统化思维，而非单一技巧。

核心认知三：引流需要和私域做好衔接，而非单独一环。

5.1.2 3 种引流技巧，轻松扩大私域流量池

在小红书上，如何精准引流，扩大自身私域流量池，一直是很多博主和创业者重视的问题，尤其是对很多做私域赢利产品和服务的 IP 来说，将精准客户资源引流到私域尤为重要。

但平台对引流的管控十分严格，若是被检测到违规引流，轻则警告，重则限流甚至封号。而且有些博主的引流路径太过长，很容易导致用户流失。

下面分享三种类型的引流思路，让你系统地学习如何安全引流！

▶ 一、群聊引流

1. 群聊引流设计

对于暂时不打算付费推广的个人用户来说，群聊引流是最好的引流方式。我的学员经常问："群聊要在哪里创建？"很简单，跟着图5-4所示的过程一步步操作即可。

打开小红书之后，点击"消息"页面，点击右上角"发现群聊"，再点击"创建群聊"。注意，创建群聊之后一般会弹出"生成笔记并发布"的页面提醒，直接点击"不了谢谢"。

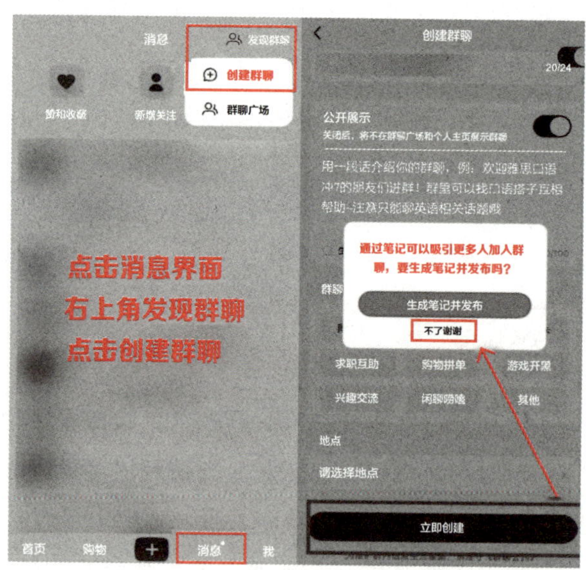

图5-4　群聊引流创建

接下来我们重点讨论群聊的“钩子”如何设置。一个吸引用户的群名称，不仅可以精准定位目标人群，还能够大大提升用户的进群率。

如图 5-5，这个群名称“领疗愈师 0 到 7 位数指南”的群聊，直接点明要想领取成为疗愈师成功赢利的指南，就先进群，这个名称能够精准吸引对疗愈赢利感兴趣的人群。

“霖子粉领自由人生公开课”的群昵称，也表达清楚进群可以领取学习自由人生的公开课，大大吸引了对自由人生感兴趣的，以及想成为人生教练的群体。

总之，如果群名称能够突出产品的痛点和价值，就能有效吸引日标用户进入群聊。

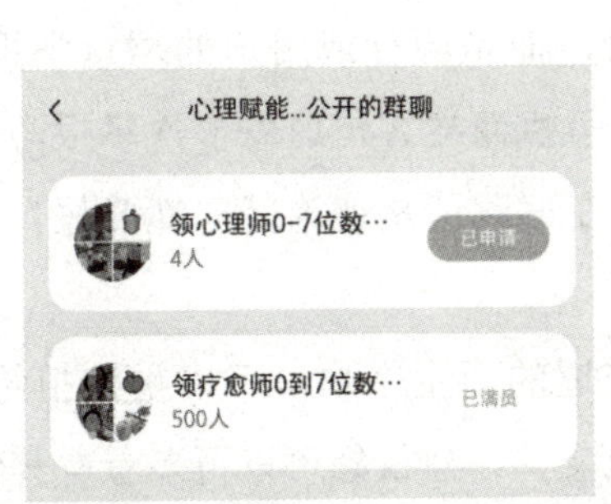

图 5-5　群聊引流界面效果对比

另外，群聊头像也是一个影响引流的重要元素。如图 5-6 所示，“2025 必脱单”的群聊，你可以在群头像中加入你的微信号，这样可以进一步引导用户加你为好友。

同时，群聊的各项设置如群头像、群介绍、管理员昵称等都可以作为吸引用户的引流钩子。

除了以上全方位的拆解之外，在引流过程中我们也要特别注意平台的规则。

图 5-6　群聊各项设置引流

我们最怕的不是平台本身，而是同行或用户的恶意举报。例如，有学员因为与客户发生争执而被客户追着多次举报，这对账号影响很大。所以无论是在群聊还是评论区，都要与人为善，避免与人发生正面冲突。

如果你真的遇到很难打交道的陌生客户，可以委婉拒绝。比如，“目前没有这方面的案例支持，建议您可以再多看看其他资源”。这样既能避免冲突，也能保护自己的账号安全。

2. 3 种群聊引流钩子类型

前面提到的钩子，其实就是群聊引流的有效操作，用好以下这些钩子，能够大大提高用户加私域的概率和数量！

类型 1：免费资料钩子

“免费资料钩子”是最常见的引流钩子。我们可以通过设置“进群即可领取 ×× 资料 / 手册 / 指南”吸引用户进群，这种方法特别适合吸引希望快速获取某个赛道干货的用户。

如图 5-7 所示，“领取《居家养老安全指南》”“自媒体资料免费领取”，都是通过送资料、免费领取手册的手段来引流。

要注意的是，当用户在小红书询问怎么领取资料的时候，一定要引导用户加微信再领取，不要直接发给对方资料，否则对方就很难再加微信了。

图 5-7　赠送资料引流

类型 2：小号素材钩子

第二种类型是通过小号发布带有引流意图的素材内容。因为使用小号可以有效降低风险，即使真的被举报封号，也不会影响主号的正常运营。对于小号，我们可以多准备几个来养号，留着备用。

如图 5-8 所示，我们可以用小号在群里发布图片 / 视频，并且在图片 / 视频中巧妙嵌入微信号，引导用户加微信。也可以把小号设为群管理员去运营社群，这种方法还能够有效提高用户黏性。

图 5-8　小号群聊引流

类型 3：直播产品钩子

“直播产品钩子”是指博主通过发布自身产品笔记链接，或者开启直播的形式，在其中进行推广和引流的过程。

如图 5-9 所示，我的情感赛道的私教学员璐璐，就是通过在群聊里发送见面礼形式的商品链接，引导用户下单，然后在后台安全发微信号，从而达到顺利引流的目的。她用这套方法，单月成功获得了上百个精准客户。

如图 5-10 所示，这种常见的引流方式是通过发心理赛道相关的直播，在直播中通过口播或者文案引导用户加微信，从而实现顺利引流。

图 5-9 直播产品引流　　图 5-10 群聊直播引流

▶ 二、主页引流

要想实现高效引流，小红书主页的设置至关重要。你的主页就是账号“门面”，承载着用户对你的第一印象。我们在设计整个账号的时候，要确保主页封面、简介等信息能直观地展示你所提供的价值。

如图 5-11 所示，将引流路径巧妙地嵌入主页简介，简介 @ 小号或者展示群聊，并且在首页建群，在主页通过多个形式吸引用户。像我的职场赛道的私教学员“佐伊学姐求职陪跑”，就直接在简介@了铺满陪跑案例笔记内容的小号，有效实现大小号联动。

还有一种形式就是通过主页 @ 的小号，在小号上发布笔记，在笔记中埋入微信号去引流。

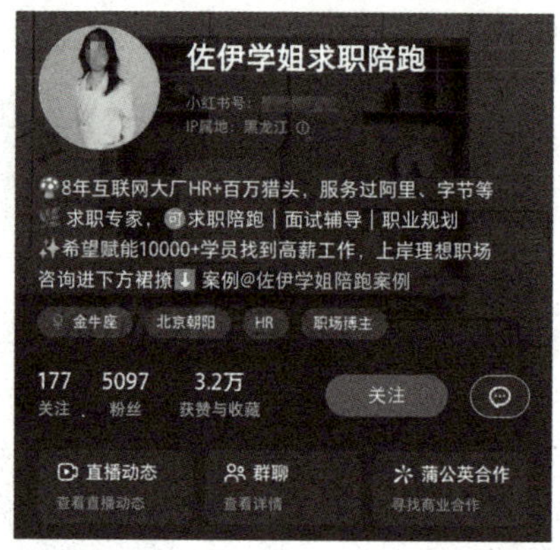

图 5-11　简介小号引流学员案例

如图 5-12 所示，这两个账号都属于主页 @ 的引流小号，可以在发布笔记时通过谐音字、引导词等话术去设计引流钩子，甚至在账号主页的背景图都可以留。

图 5-12　主页小号笔记引流

▶ 三、笔记引流

“笔记引流”更多指的是在发布的笔记中植入精准的引流钩子，直击用户痛点，调动用户的迫切需求，从而吸引目标客户主动来找你。

第一种方式就是通过分享干货内容，在笔记的中间或者末页，结合内容选题植入钩子吸引用户。

如图 5-13 所示，就是在笔记末页展示大而全的《聊天手册》资料钩子的截图，并通过在图片上和评论区引导用户主动发送数字的方式去筛选自己的精准客群。

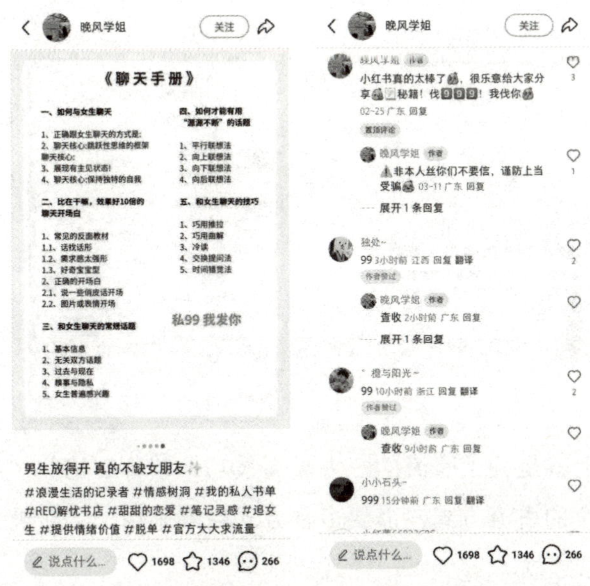

图 5-13 笔记末页引流钩子

第二种方式就是直接发布系统的笔记资料吸引目标客群，实现精准引流。

如图 5-14 所示，分享考研的配套练习资料，从而吸引考研群体在评论区或私信留言求资料，从而达到引流的效果。当然，评论区引流需要更加谨慎，不要在评论区直接回复联系方式。可以使用一些委婉的表达，比如”我单独发你”，避免使用“微信”“加微”等敏感词。

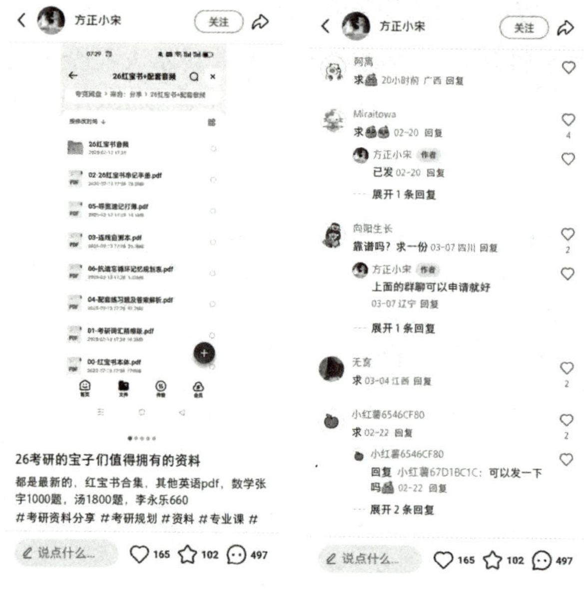

图 5-14　配套资料引流

以上就是关于引流的三大类型技巧。请务必记住：没有百分百安全的引流方式，需要多种方式轮着来用，才能最大概率避免账号违规。

本节小结

3 种引流技巧，轻松扩大私域流量池：

一、群聊引流。

类型 1：免费资料钩子

类型 2：小号素材钩子

类型 3：直播产品钩子

二、主页引流。

三、笔记引流。

5.2 内容“埋钩子”：让你的笔记价值翻倍

5.2.1 内容钩：抢占热门关键词，享受长尾流量

▶ 一、钩子究竟是什么？

钩子，简单来说就是你笔记开头那几句能像磁铁一样紧紧吸引住读者的话。它的作用就是在瞬间抓住读者的眼球，让他们停下滑动屏幕的手指，心甘情愿地深入阅读你的笔记内容。它们就像是钓鱼时的鱼钩，一旦鱼儿咬上，就很难脱钩。

举个例子，一篇关于减肥的笔记，开头写“宝子们，我用一个月狂甩 20 斤，从‘XL 大妈’变身‘S 辣妹’，方法全在这，赶紧码住”，就是利用了惊人的减肥成果对比，激发了读者强烈的好奇心和求知欲，让他们迫不及待地想知道你到底是怎么做到的。这就是一个成功的钩子。

再比如一篇美食推荐笔记，开头写“宝子们，这家藏在小巷子里的神级美食店，没有熟人带路根本找不到，味道绝绝子，今天就把地址和必点菜分享给你们”。这里“藏在小巷子”“熟人带路”等描述，制造了神秘感和稀缺感，让读者对这家店充满好奇，从而吸引他们继续往下看。

▶ 二、设置内容钩子，找到热门关键词

理解用户的搜索行为，是优化搜索页内容的基础。用户的搜索行为大致可以分为三类。

第一类：信息搜索

用户希望了解某个概念、产品或现象，如“维生素 C 的作用”“新款 iPhone 评测”等。这类搜索背后是用户对知识的需求。

所以，你的领域如果需要列出10个名词，可以有哪些？

如图5-15所示，以我的摄影赛道私教学员“晓好手机摄影”为例，关键词可以是女生摄影、手机摄影、手机摄影课、手机摄影技巧、摄影记录、女生写真、手机摄影技巧、零基础手机拍照、小白学摄影、学习摄影，等等。

图 5-15　摄影赛道领域关键词学员案例

第二类：解决方案搜索

用户遇到了具体问题，希望找到解决方法，如“如何去除衣服上的油渍”“初学者化妆步骤”等。这类搜索背后是用户的问题解决需求。

你所在领域用户最关心的 10 个问题是什么？

如图 5-16 所示，以情感相亲博主“靠谱的栗子”举例：

（1）暧昧期的男人忽冷忽热怎么办？

（2）第一次见面如何提高成功率？

（3）让男生害怕失去你的十句话是什么？

（4）会回消息但不主动的男生，怎么拿下？

（5）如何快速判断男生大不大方？

（6）条件合适但是没感觉要不要继续相处？

（7）如何判断是否可以进入婚姻？

（8）对你没感觉的男生怎么搞定？

（9）相亲约会可以去哪里？

（10）如何识别相亲男的人品？

如图 5-17 所示，我的私教学员“员子姐 - 生涯规划师”，是一位资深生涯规划师和盖洛普优势教练。通过“一个人该怎样找到自己真正热爱和擅长的事，并以此规划自己的人生？”这个爆款选题，吸引对人生规划和追寻生命热爱有好奇心或疑惑的用户，并且提供了详细解决方案，获得了高达 6 万的点赞和收藏，在这个细分选题获得持续的流量推荐。

再如图 5-18 所示，我的一位专注留学成长赛道的私教学员“是君仪吖”，分享“大学必看丨如何跟辅导员、教授搞好关系”的爆款选题，挖掘到了学生群体“不擅长大学社交和向上沟通”的痛点需求，分享了大学必会的人情世故和具体的解决方案，成功收获了 6.8 万点赞。

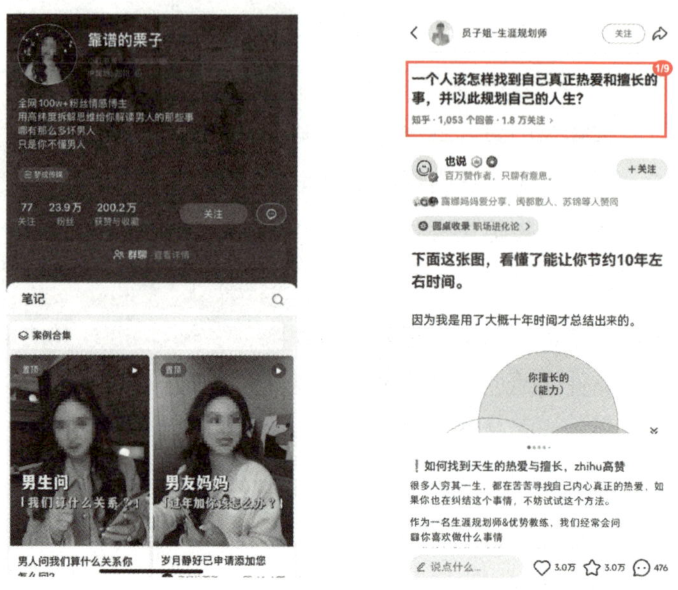

图 5-16　情感相亲领域关键问题示例　图 5-17　职业规划赛道爆款选题学员案例

图 5-18　解决方案分享学员案例

第三类：产品服务搜索

用户已有购买意向，正在寻找合适的产品或服务，如“适合家庭出游的北京定制团”“上海日料推荐”等。这类搜索背后是用户的消费需求。

之前是竖向寻找关键词，现在是横向比较。以数码博主为例，用户需要性价比高的入门相机，可以有哪些关键词？

图 5-19　数码博主横向关键词

如图 5-19 所示，以数码博主“白野橘”为例，关键词可以是新手相机、新手入门相机、女生适合用的入门相机、相机推荐、0 基础入门相机，佳能和索尼选哪个，佳能尼康富士相机测评，性价比高的相机有哪些，怎么选入门相机，等等。

不同类型的搜索需要不同的内容策略。对于信息搜索，内容应该全面、客观、有深度；对于解决方案搜索，内容应该具体、实用、步骤清晰；对于产品服务搜索，内容应该有针对性的推荐和详细的体验描述。

▶ 三、触发长尾流量，提高笔记搜索率

如果能让用户持续搜索到我们，那我们甚至可以凭借这一个笔记，持续吃到涨粉的红利。有过爆款笔记的朋友应该能感觉到，有一些甚至半年前爆过的笔记，到现在还能每天带来不

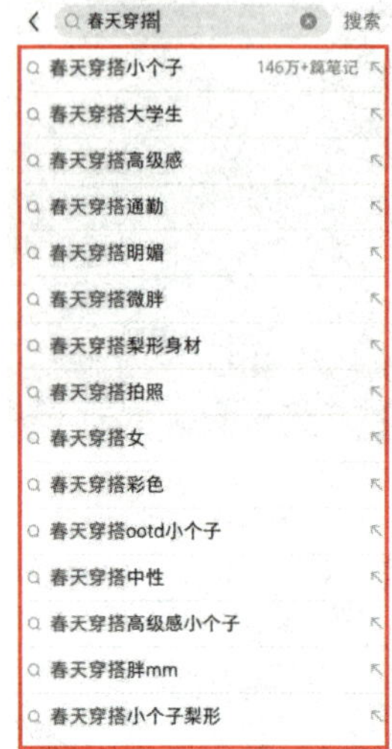

图 5-20“春天穿搭”长尾关键词

错的转粉或者赢利，这就是长尾流量，实现靠一篇笔记“养老”！

1. 搜索下拉框

如图 5-20 所示，假设你是一个穿搭博主，你搜索“春天穿搭”4 个字，会有一长串隐藏关键词和选题。

2. 关键词 +26 个字母

输入“关键词 + 26 个字母”，依次延伸会发现需求和市场，然后找到能切入的地方。如图 5-21 所示，使用“北京旅游 +a”“北京旅游 +b”“北京旅游 +c”等，和我们之前调研爆款对标博主的方法是一致的。

图 5-21 “北京旅游 +26 个字母”长尾关键词

3. 顶部标签栏

如图 5-22 所示，输入一个关键词后，顶部标签栏会显示一行与搜索词相关的词语，左滑还可以看到更多。

4. 相关搜索页面

进入搜索页面后，我们浏览页面继续往下拉，会出现一个“相关搜索”的版块，要么在左边，要么在右边，如图 5-23 所示。

图 5-22 关键词顶部标签栏　　图 5-23 相关搜索页面长尾流量

5. 评论区

在同行的笔记评论区中找到用户发布的评论内容，可以选择评论最多的笔记，找到热评和出现最多的关键词，如图 5-24 所示。

图 5-24　同行笔记评论区内容关键词

▶ 四、如何进行关键词布局？手把手实操！

选好关键词后，就到了最重要的一步——关键词布局实战！

核心在于将选定的关键词自然融入笔记的各个关键位置，包括封面图片、标题、正文、话题和评论区，从而最大化提升曝光和流量。

封面和标题作为用户的第一触点，必须突出关键词，快速吸引目标受众；正文开头要简明扼要地点明主题，帮助算法精准识别内容方向；话题标签应选择与关键词相关的高热度选项，增强搜索权重；而在评论区，则可以通过互动或提问巧妙植入关键词，进一步延长笔记的传播周期。

需要注意的是，关键词的植入要流畅自然，避免生硬堆砌。比如在分享干货时，用“方圆脸修容技巧”替代模糊表述；在分析案例时，用“关键词布局方法”明确点题。

记住，优质内容仍是流量的根基，只有确保信息实用、逻辑清晰、风格鲜明，关键词的布局才能真正发挥作用，让笔记在推荐和搜索中脱颖而出，实现高效引流。

1. 笔记封面

如图 5-25 所示，封面图片上要显示关键词，小红书的系统能够识别封面文字，一旦关键词被识别，依据特定算法，笔记将被归类并收录，用户在进行关键词搜索时即有更大的概率能够搜索到笔记。

图 5-25　笔记封面关键词布局

2. 笔记标题

标题是布局关键词最重要的一环，我们可以直接把关键词作为笔记标题，如图 5-26 所示。

笔记标题主要有三个作用：①概括笔记内容，让用户迅速抓到重点；②影响点击率，好的标题懂得抓住用户需求，吸引点击；③正确的标题关键词布局有利于系统对笔记分类并推送给精准人群。

图 5-26　笔记标题关键词布局

3. 笔记正文

可以在正文开头和结尾部分引入关键词，并在正文中多次提及和展开，如图 5-27 所示。需要注意，不可过度堆砌关键词，以免影响用户体验和搜索引擎的判断。

图 5-27 笔记正文关键词布局

4. 笔记话题

话题则决定了我们的笔记会被带上什么标签推荐给什么样的用户，是前置条件。在添加笔记话题的时候，一定要包含关键词，携带关键词的话题标签能够提高笔记被收录的概率，增强曝光度，标签可以帮助搜索引擎更好地理解图片内容，提高笔记的搜索排名，如图 5-28 所示。

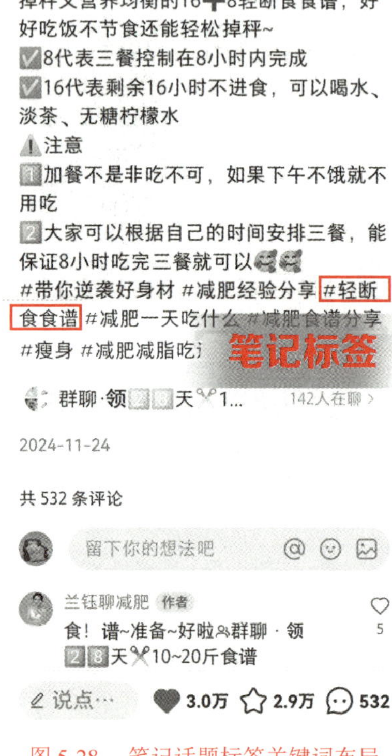

图 5-28　笔记话题标签关键词布局

热门标签流量大，但竞争也激烈。比如 # 美食 # 、# 旅行 # 等。 长尾标签虽然流量相对较小，但更精准，竞争压力小，比如美食领域的 # 低卡甜品烘焙教程 #，旅行领域的 # 成都小众拍照打卡地 #。结合热门标签和长尾标签，既能借助热门标签的流量红利，又能通过长尾标签精准定位目标用户。

5. 笔记评论区

评论区的权重是非常高的，我们在笔记评论区跟用户互动的时候，一定要有意识地带上我们布局的关键词，提高整个关键词的密度，增加笔记权重和转化，如图 5-29 所示。

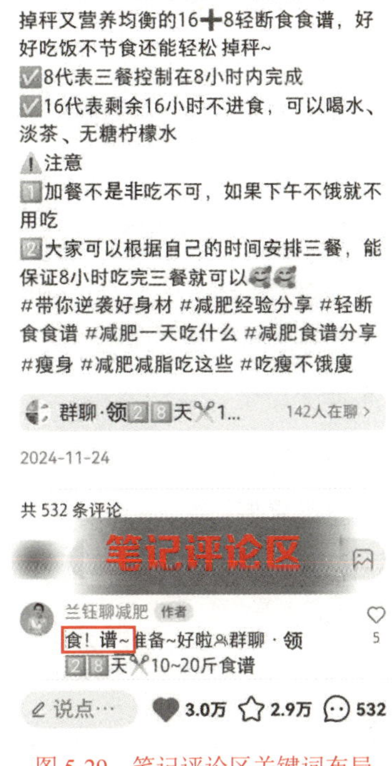

图 5-29　笔记评论区关键词布局

更高互动量的笔记，更有机会获得搜索推荐，所以我们一定要做好引导互动和评论区管理，提高笔记下的用户活跃度。

在去中心化的小红书平台内，“搜索”提供了精准且高质量的用户流量。更为重要的是，通过关键词搜索而来的“长尾流量”是更加精准的，用户的消费转化意愿可能也会更加强烈。

对于品牌商家而言，优化关键词的 SEO 是有效利用搜索流量、吸引潜在用户的第一步。所以，关键词的布局要在笔记内容、标题、图片等位置布局基础上，配合评论区互动 + 笔记话题的二次种草，以更加精准地触达目标用户，为笔记锦上添花，获取用户流量。

本节小结

内容钩：抢占热门关键词，享受长尾流量

一、钩子究竟是什么

钩子就是你笔记开头那几句能像磁铁一样紧紧吸引住读者的话。

二、设置内容钩子，找到热门关键词

第一类是信息搜索。

第二类是解决方案搜索。

第三类是产品服务搜索。

三、触发长尾流量，增加笔记搜索率

1. 搜索下拉框。
2. 关键词+26个字母。
3. 顶部标签栏。
4. 相关搜索页面。
5. 评论区。

5.2.2 情绪钩：真正优质的选题，自带情绪爆点

▶ 一、什么是情绪钩

情绪钩是一种用来迅速吸引用户注意力，引发情感共鸣的技巧。它通过触发用户的情绪反应，如快乐、悲伤、惊讶等，来吸引用户的注意力并促使他们继续阅读或参与互动。情绪钩可以是一段感人的故事，一张触动心弦的图片，抑或一段视频。

情绪钩通过引发受众的情感反应促使他们产生购买的欲望

和行为。比如，广告中与家庭、关爱等情感元素相关的文案常常是设计的情绪钩。所以在小红书笔记中巧妙植入情绪钩，让用户能够从“刷到”到“看完”，再到“互动”甚至“种草”，全程被情绪牵引。

▶ 二、情绪钩分类及案例

1. 焦虑情绪钩

焦虑是人的行动来源，可以利用人的损失厌恶心理，激发危机意识，让读者产生紧迫感。人都害怕错过和失去，你把这种焦虑放大，他们就会忍不住点进来。

比如：怕衰老，所以要学养生；怕自己娃成绩差，就要给娃补课；做不好选题策划，就永远不能打造爆款内容；这五个识人方法不掌握，你很可能被渣男骗！

再如图 5-30 所示，“永葆青春养生”博主的笔记“哈佛研究的逆龄行为清单”；“想存到 100W”博主的笔记“人和人的差距几年就拉开了”，都是找到了用户焦虑的事情，并无限地去放大它们。

图 5-30　焦虑情绪钩

2. 贪婪情绪钩

人的两大本性——害怕失去和想要得到，免费的蛋糕总会让人们蜂拥而至。

你可以说明利益价值，比如："1块钱的维生素片，让我省下2000块美容仪！""花3分钟学这招，照片点赞翻10倍！"

也可以直接给价值，比如："免费！我用这5个AI工具，1小时干完1天活！""别人花3年悟出的道理，你3分钟就能看完！"

再如图5-31所示，"HIME"的笔记"挑战10天学习AI软件"；"阿呸聊民宿"的笔记"内行人才知道的网购省钱关键词"，都能满足用户想快速提效和省钱的欲望。

图5-31　贪婪情绪钩

3. 窥探情绪钩

人都爱看热闹，聊八卦。相比有趣的内容，大家对背后的内幕更有窥探欲望。把行业内不为人知的秘密、背后的操作流程揭露出来，读者很难不感兴趣。一件事情你越遮遮掩掩，想了解的人就越多。

比如："挑战辞职体验 100 种职业""我怀孕 8 个月居然一点都不知道？""头部博主账号快速起号背后的秘密！"

再如图 5-32 所示，"I'm 2 米饭桶"博主的"从城中村蚁族至如今的三层别墅"；"周托尼发型师"博主的"获奖发型师（揭秘行业内幕）"。

这些就充分利用了人们的猎奇心态，让观者想去一探究竟。

图 5-32　窥探情绪钩

4. 治愈情绪钩

治愈系情绪钩是小红书上的心灵按摩，能让人感到温暖、放松、被理解，适合生活方式、心理疗愈、家居、宠物等赛道。

比如：“独居 10 年，我的房间治愈了所有焦虑”“看完这篇，你的拖延症有救了”“在乡下租了间老房子，每天被阳光和鸟叫唤醒”“一个人吃火锅，但这份孤独感意外地很舒服”。

再如图 5-33 所示，“喵一”博主的“这段话救我千千万万次”；“壹白 white”博主的“治愈亲子 vlog| 美好无处不在，陪你一起成长”。

让人有画面感，看到文字就觉得被治愈，像给快节奏的现代生活一个暖暖的拥抱。

图 5-33　治愈情绪钩

5. 共鸣情绪钩

激发用户的情感共鸣，使内容更具吸引力。你的内容会让用户疯狂点头，产生“对对对！这就是我”的感受。

例如，“这届年轻人朋友圈岁月静好，微博深夜发疯”，“被领导骂到崩溃时，我靠这 3 个动作逆袭成销冠”，“月薪 5000 的打工人，每天都在为老板的梦想拼命”。

再如图 5-34 所示，“长生俱乐部”博主的“舍不得睡觉，是情绪没被满足”；“阿文就是 Aya”博主的“杀不死拖延症，是因为你太能‘忍’了”。这些都能精准引起年轻人的共鸣，立马想点开笔记看。

图 5-34　共鸣情绪钩

再举个例子，我的一位专注销售赛道的学员“一颗小胖桃”，出了一个爆款选题“女销冠告诉你，女性做销售天生有大优势”，描写了女性销售的优势特点和具体能力价值，引起了很多女性销售的共鸣，200 多条评论都是她们的认可和赞许，如图 5-35 所示。

图 5-35　采用情绪共鸣的学员爆款笔记

本节小结

情绪钩：真正优质的选题，自带情绪爆点

一、什么是情绪钩

情绪钩是一种用来迅速吸引用户注意力，引发情感共鸣的技巧。

二、情绪钩分类及案例

1. 焦虑情绪钩。

2. 贪婪情绪钩。

人的两大本性——害怕失去和想要得到，免费的蛋糕总会让人们蜂拥而至。

3. 窥探情绪钩。

4. 治愈情绪钩。

5. 共鸣情绪钩。

5.2.3 互动钩：推拉式互动法，持续提升笔记热度

▶ 一、什么是小红书的互动钩

互动钩是小红书内容创作中引导用户从被动浏览转向主动参与的催化剂，它通过设计巧妙的互动机制，将用户被情绪钩激发的心理能量转化为具体行为。

与情绪钩主要作用于用户的情感层面不同，互动钩更侧重于在用户产生共鸣后，为其提供一个表达出口和参与路径，完成从“我被打动了”到“我要说点什么/做点什么”的转化。

互动钩可以是一个引发讨论的提问，一个邀请晒图的挑战，一个需要用户决策的选择题，或者一个带有奖励机制的参与活动，它的核心意义在于延续内容热度。

通过用户评论、分享、点赞等互动行为提升笔记的算法推荐权重；深化情感连接，让用户从“旁观者”变成“参与者”，增强其对内容的归属感；收集用户洞察，通过互动反馈（如评论区讨论）了解目标人群的真实需求和偏好；构建社群认同，让用户在互动中形成“我们是一类人”的群体认同，进而强化品牌或账号的黏性。

比如，一篇关于“职场焦虑”的笔记，在运用情绪钩引发共鸣后，可以设置互动钩，比如“你最近一次想辞职是因为什么？评论区聊聊，送《职场反 PUA 手册》”。这不仅让用户有机会宣泄情绪，还能通过实物奖励进一步刺激其参与欲，同时为后续内容创作积累真实素材。

所以互动钩的本质，是将情绪共鸣沉淀为可持续的社群关系，把一次性内容消费转化为长期的关注。

▶ 二、互动钩分类及案例

1. 提问式互动钩

提问式互动钩通过抛出问题，引导用户在评论区分享自己的经历或观点，从而增加笔记活跃度。

比如开放式提问（引发讨论）：“你最崩溃的职场瞬间是什么？”“哪一刻让你觉得当妈太难了？”，让用户从“看客”变成“表达者”，增强参与感。

比如选择题提问（降低互动门槛）：“加班 Vs 失业，你更怕哪个？”“全职带娃 Vs 职场妈妈，你会怎么选？”，利用热门话题来引发互动，如图 5-36 所示。

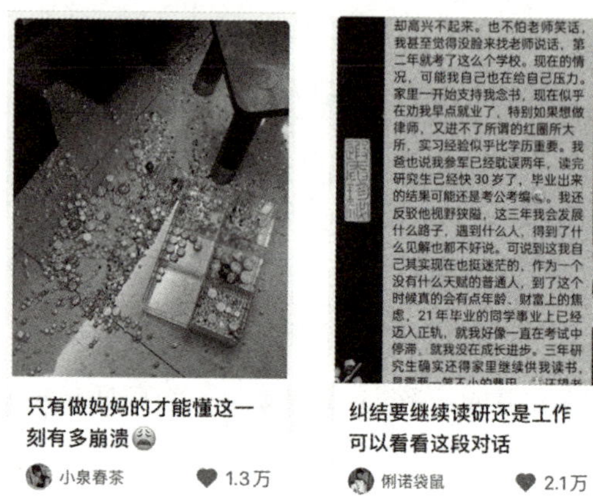

图 5-36　提问式互动钩

再如，我的做餐饮赛道的小红书私教学员“啊你不爱 enfp 吗”，就是发起了“有没有什么只有上海才能喝到的奶茶”的提问互动（见图 5-37），既吸引了有对应经验的观众的表达分享欲，又引发了想喝上海不营销奶茶的观众的好奇心。

图 5-37　提问式互动钩的学员爆款案例

你看评论区，全部都是围绕着这个主题来讨论的观众，而且博主积极互动，表示认可、好奇或支持，再次引发更多讨论，从而让数据持续攀升。

2. 挑战式互动钩

挑战式互动钩就是通过设置具有传播性的行为任务，激发用户的参与热情和表现欲望。它巧妙利用“社会认同效应”和“成就展示心理”，让用户从被动观看转为主动创造。

比如发起“用 100 块钱过一周”这样的行为挑战时，几乎人人都能参与，用户既想证明自己的能力，又想看看别人怎么玩。

比如“给 3 年前的自己写句话，你会说什么？”“发一张治愈你的照片，温暖陌生人”，就是利用情感发起挑战。如图 5-38 所示。

再如图 5-38 所示的，也是同样的案例。

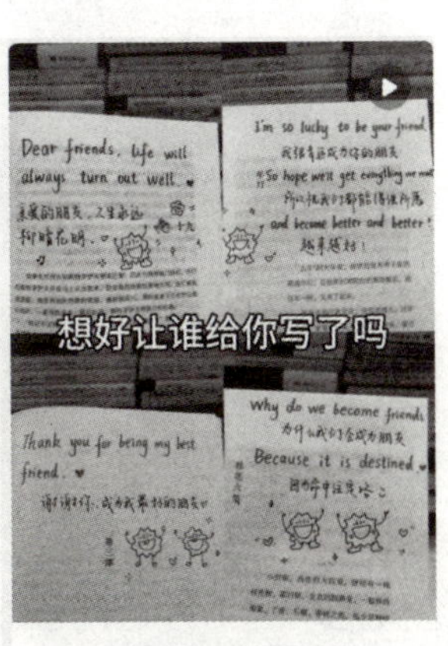

图 5-38　挑战式互动钩

3. 共鸣式互动钩

共鸣式互动钩就是通过精准戳中特定群体的共同经历，唤醒用户的归属感与表达欲。它巧妙利用“群体认同心理”来打破用户的心理防线，让原本沉默的观众主动参与到互动中。

比如，抛出“INFJ 人格的宝子举个手”，可以迅速找到具有这个人格特质的人群。

再如，发出“30 岁还没结婚的女生来报个到”这样的召集令，会让处于相似人生阶段的用户产生“原来不止我这样”的安全感。

让每个参与评论的用户都能找到自己的镜像，在“我也这样”的共鸣中建立起对账号的情感依赖，如图 5-39 所示。

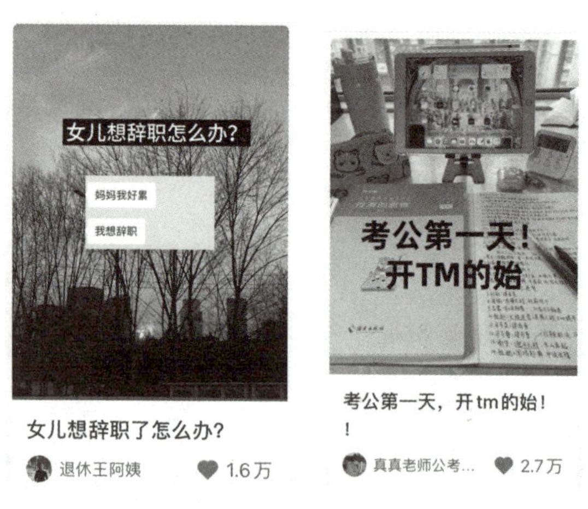

图 5-39　共鸣式互动钩

4. 悬念式互动钩

悬念式互动钩巧妙运用心理学中的“未完成效应”，通过刻意制造信息缺口来触发用户的好奇心与求知欲。这种手法就像说书人的“且听下回分解”，在情绪最高潮处戛然而止，让用户产生强烈的追更冲动。

比如，看到“你们猜最后老板给我升职了吗”，读者会不自觉地代入自己的职场经历，在脑海中补全各种可能性。

比如，留下“这段婚姻到底该不该继续？明天更新结局……”的预告式留白，则像埋下一颗定时炸弹，让关注情感话题的用户不得不点击订阅。

再如图 5-40 所示的，也是同类的案例。

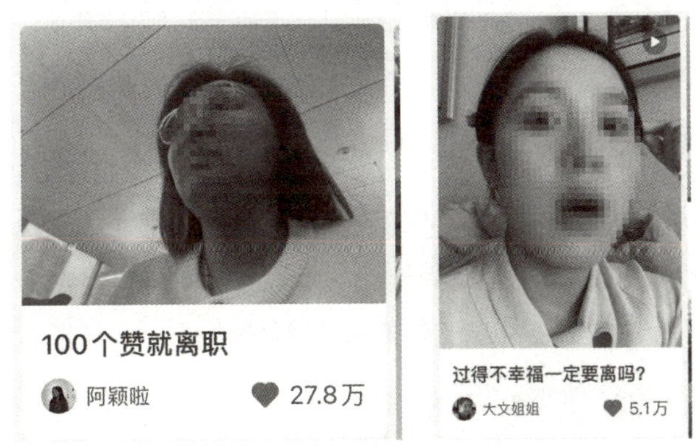

图 5-40　悬念式互动钩

5. 争议式互动钩：观点碰撞 + 反常识提问

争议式互动钩就是故意制造轻微对立或争议话题，激发用户的辩论欲望。它利用“杠精心理”提升评论区活跃度，撬动算法推荐。

比如，“全职妈妈是享福还是牺牲？”“月薪 1 万但 996，你愿意吗？”，就属于观点碰撞，激发用户想要表达自己的想法。

比如，“为什么越努力的人越难升职？”，就是反常识提问，可以引起用户的反应。

再如，在家长里短方面，可以聚焦两性和婆媳关系等容易引起争议的话题，如图 5-41 所示。

图 5-41　争议式互动钩

再举个例子，我的一位做英语赛道的私教学员“凯小七英语规划”，通过描述“原版娃的优势是怎么没的”，激发家长用户的好奇和争议，关键词清晰而具备情绪性，自带爆款讨论属性，如图 5-42 所示。

图 5-42　采用争议式互动的学员爆款笔记

本节小结

互动钩：推拉式互动法，持续提升笔记热度

一、什么是小红书的互动钩

二、互动钩分类及案例

1. 提问式互动钩。
2. 挑战式互动钩。
3. 共鸣式互动钩。
4. 悬念式互动钩。
5. 争议式互动钩。

第六章

AI 赢利：

商业模式全揭晓，打造吸金的小红书爆款赢利 IP

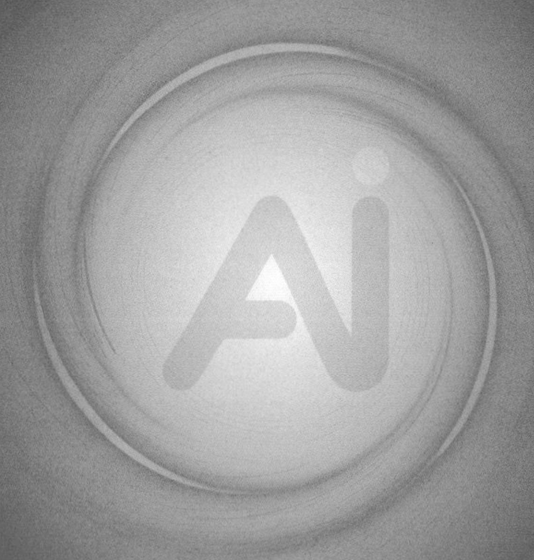

6.1 小红书赢利三大模式：如何选择适合自己的路径？

6.1.1 蒲公英商单：助力优质内容创作，开启广告赢利

作为小红书官方推出的内容博主与品牌商家对接平台，蒲公英平台已经成为连接优质内容与商业价值的重要桥梁，为博主提供了稳定且规范的广告赢利渠道。

▶ 一、蒲公英平台的定义与价值

蒲公英平台是小红书为内容博主和品牌商家搭建的官方合作服务平台，旨在帮助双方在合法合规的框架内达成更好的合作。它不仅是一个简单的接单平台，更是一个保障博主权益和收益的完整生态系统。

我曾经指导过的一位小红书博主告诉我，“蒲公英平台让我能够专注于内容创作，而不必花费大量时间在寻找广告主和合作细节谈判上，大大提高了我的工作效率和收入稳定性”。

▶ 二、蒲公英商单的运作机制

了解蒲公英平台的运作机制，能够帮助博主更加顺畅地开启广告赢利之旅。从开通条件到结算提现，环环相扣，共同构成了一个完整的赢利闭环。

首先，进入蒲公英平台的博主需要满足一定的条件。根据最新规则，开通蒲公英平台需要账号粉丝数至少达到 1000 名，博主年龄必须满 18 岁，并且完成实名认证。

1. 申请流程

（1）打开小红书主页“我”，然后点击左上角点击三条杠，如图 6-1 所示。

（2）点击进入“创作者中心”，如图 6-2 所示。

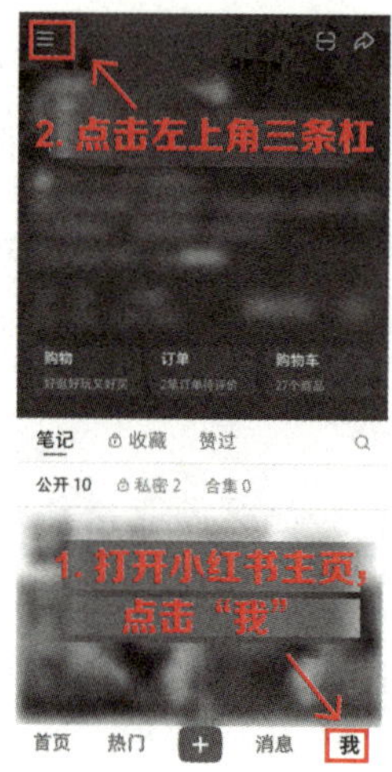

图 6-1　蒲公英平台申请步骤

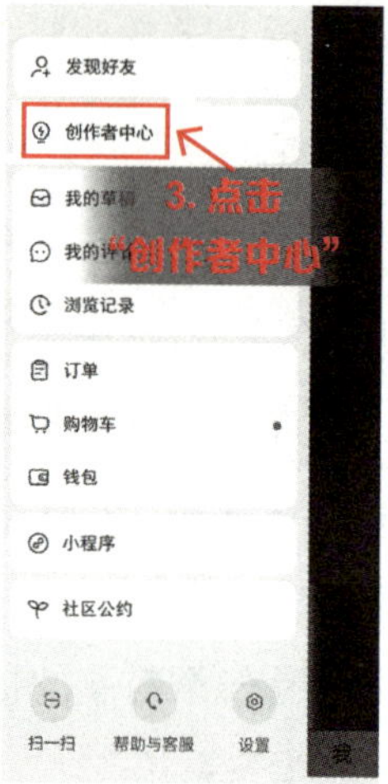

图 6-2　创作者中心位置

（3）打开“全部服务”，如图 6-3 所示。

（4）在“收益赢利”栏找到“博主合作”，如图 6-4 所示。

图 6-3　全部服务位置示意图

图 6-4　收益赢利栏“博主合作”位置

（5）按照提示完成实名认证，然后点击申请开通，如图 6-5 所示。系统审核通过后，主页上会显示“我的合作”入口，标志着你正式加入蒲公英平台。

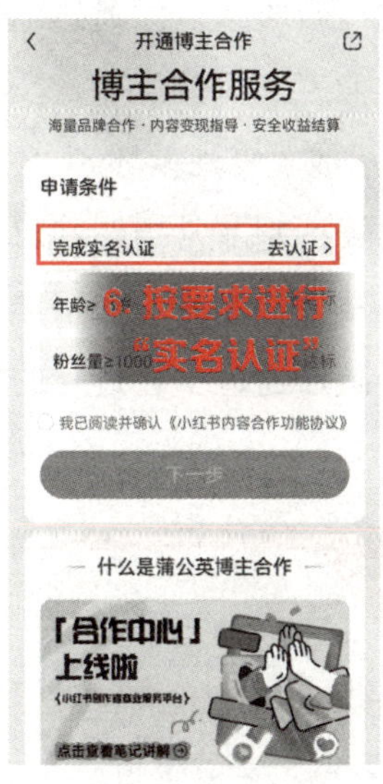

图 6-5　蒲公英平台实名认证

2. 报价与收益

值得注意的是，虽然 1000 个粉丝是基本门槛，但账号的内容质量、互动率、活跃度等因素也会影响审核结果。蒲公英平台不仅关注粉丝数量，更重视账号的内容品质和健康度。

成功开通平台后，就可以设置合理的商单报价。对于新开通蒲公英的博主，建议将图文笔记的价格设定在 200 元左右，将视频笔记的价格设定在 300 元左右。随着粉丝量增长和商单经验积累，可以逐步提高报价。

在内容创作过程中，博主需要根据与品牌方沟通的要求进行创作，可能是图文直发，也可能是原创内容。完成创作后，在合作邀约中发布笔记，并确保绑定品牌方。发布的笔记需要经过平台审核，审核通过后即可确认发布，完成合作。

我的一位美妆领域的学员分享道："加入蒲公英平台后，我不仅每月有了稳定的广告收入，还通过与多个知名美妆品牌的合作提升了自己的专业度和可信度。这反过来又吸引了更多优质品牌的合作邀约，形成了良性循环。"

蒲公英平台的结算机制非常透明和可靠，博主无须担心资金安全问题。相比于私下与品牌合作可能面临的拖欠款项、临时变更合作条件等风险，通过平台进行的合作更加规范和有保障，博主可以安心专注于内容创作，而不必为收款问题烦恼。

本节小结

蒲公英商单：助力优质内容创作，开启广告赢利

一、蒲公英平台的定义与价值。

二、蒲公英商单的运作机制

1. 申请流程。

2. 报价与收益。

6.1.2 私域引流：精准获客，提高复购率，打造高黏性粉丝池

私域引流就像是一座连接公域流量与品牌长期价值的桥梁。当公域流量红利逐渐消退，获客成本不断攀升，越来越多的创作者和品牌开始将目光投向私域运营，寻求更加稳定和可持续的增长路径。

▶ 一、私域引流的概念与价值

私域引流，本质上是将小红书平台上的公域流量转化为可以反复触达、持续经营的微信私域流量池。与公域流量相比，私域流量最大的特点在于不受平台算法限制，直接与用户建立长期稳定的联系。

从公域到私域的转化，是一个精细化运营的过程。在这个过程中，我们需要找到合适的引流入口，设计有吸引力的引流内容，建立顺畅的转化路径，最终将用户引入我们的私域流量池。

▶ 二、精准获客的三大实战方法

私域引流不仅仅是数量的游戏，更是精准度的较量。只有吸引到真正对我们的内容或产品感兴趣的用户，才能构建高质量的私域流量池。

分享三个提升精准获客效率的技巧。

1. 瞄准用户画像，确立精准定位

我们需要明确目标用户的年龄、性别、地域、兴趣爱好、消费能力等特征，然后根据这些特征，有针对性地设计引流内容和策略。

我曾经帮助一位家居领域的学员重新梳理用户画像，发现其核心用户群体是 25 ～ 35 岁的年轻女性，她们对家居美学和实用性都有较高要求。基于这一洞察，我们调整了内容策略，强调“高颜值 × 高实用性”的家居解决方案，私域转化率提升了 50%。

再举一个旅行赛道的例子。我的小红书学员的其中一个矩

阵账号“华夏趣旅行”，通过发布“5 月淡季去九寨沟真的很划算！三天才 500+”的爆款选题，打上“5 月”“九寨沟旅行”“三天才 500+”等关键词，吸引了评论区 100 多位精准意向客户的评论，如图 6-6 所示。

评论区置顶用“其他天数路线、定制、包车，详细行程以及花费各种问题，都可以回我哟”的话术，引发精准用户咨询不断，共引流上千人，单月成功赢利 20 万元。

图 6-6　旅游赛道学员案例

2. 提升内容匹配度

我们的内容应该与目标用户的需求和兴趣高度匹配，解决他们的实际问题或满足他们的情感需求。例如，美妆领域可以分享专业的护肤知识、化妆技巧、产品测评等；职场领域可以提供求职指南、职业规划、技能提升等内容。内容越匹配，用户的转化意愿就越强。

我的小红书学员“KK 讲干货”是做平台运营培训的教练，就是瞄准“想要做副业的‘00 后’女生群体”，标题用“一个会玩咸鱼的人有多可怕”成功引起目标群体的好奇心和窥探欲，选题直接爆火，账号引流 1000 余人，赢利超 5 万元，值得很多类似赛道的同学参考借鉴，如图 6-7 所示。

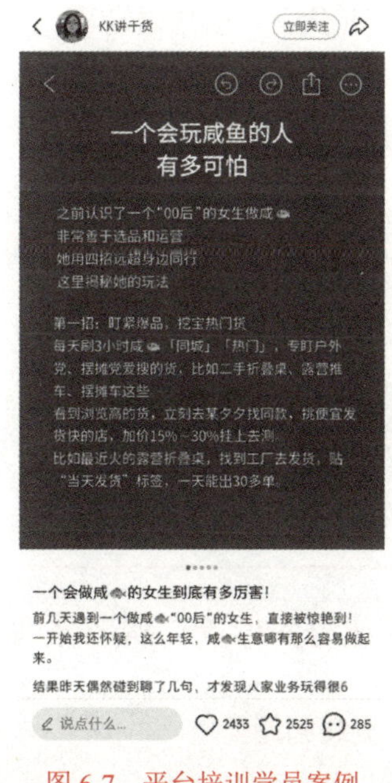

图 6-7　平台培训学员案例

3. 打造差异化吸引力

其中包括独特的内容角度、专业的知识深度、个性化的表达方式等。我的一个烘焙赛道的学员，用“失败复盘 + 成功秘诀”的文案写法，描述烘焙过程中的常见失误及解决方法，建立了专业可信的形象，吸引了大量精准客户。

同时在每个阶段，我们都需要设计相应的内容和互动方式，引导用户顺利完成转化。比如，可以通过高质量的笔记吸引注意，通过评论互动激发兴趣，通过私信沟通引导决策，最终提供专属福利，促成用户进入私域。

本节小结

私域引流：精准获客，提高复购率，打造高黏性粉丝池

一、私域引流的概念与价值

不受平台算法限制，直接与用户建立长期稳定的联系。

二、精准获客的三大实战方法

1. 瞄准用户画像，确立精准定位。

2. 提升内容匹配度。

3. 打造差异化吸引力。

6.1.3　零粉开通电商带货：从选品到转化成交全流程

▶ 一、电商带货红利趋势

小红书已经成为越来越多年轻人消费决策的首选平台之一，而且很多消费者会选择在小红书平台购买产品。平台开放的零粉丝带货权限，也为所有创作者提供了公平的赢利机会。

小红书正在加大对本地生活业务的支持，利用平台内容优势和用户经验分享，打造本地生活需求的消费决策场景，这对于很多做本地生活的商家来说，的确是一个潜在的发掘增量的机会。

小红书电商带货已经成为内容创作者赢利的重要途径，即使是零粉丝的新手也能快速开启带货之旅。在这个内容与电商深度融合的平台上，掌握从选品到成交的全流程技巧，你也能实现从 0 到 1 的带货突破。下面我们先来看看如何零粉开通一家小红书店铺。

▶ 二、零粉开通店铺流程

在研究笔记带货内容之前，我们先要明白养号的基本情况。与传统认知不同，小红书养号并不需要漫长的时间，养号核心在于让系统给你打上精准的垂直领域标签。

我指导过的一名女性成长赛道的学员，她在养号期间就发布了几条关于“男朋友消费记录”“月薪 5K 女友想买 300 元的包”等争议性话题。这些天生自带流量的话题帮她快速积累了大量互动，她的账号权重因此迅速提升。

养号期间，内容发布要围绕未来想要带货的品类。比如计划做美妆带货，就要发布美妆相关内容，让系统将你标记为美妆博主。这样后续的带货内容才能获得精准流量分发。

再来看看如何开店。开店的路径也非常简单：在主页点击“我”—左上角三条杠—创作者中心—更多服务—开通店铺—立即开店，一般 1 小时内就能审核通过。从 2024 年开始，小红书开店已不需要保证金，大大降低了入局门槛。

开店步骤：

（1）打开小红书主页“我”，点击左上角三条杆，如图 6-8 所示。

（2）点击“创作者中心”，如图 6-9 所示。

（3）打开“全部服务”，如图 6-10 所示。

（4）点击“开通店铺”，如图 6-11 所示。

图 6-8 开通店铺的主页入口

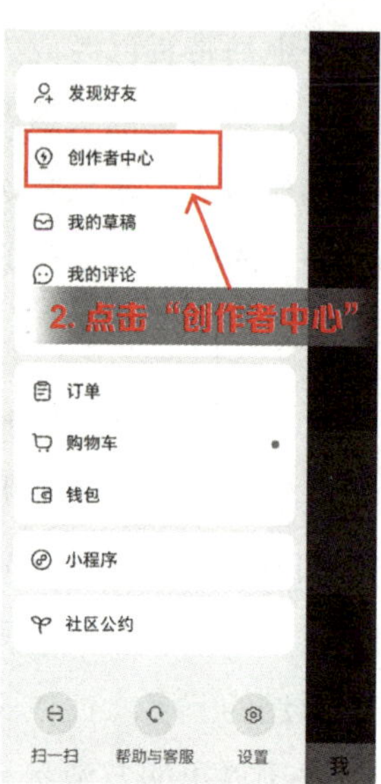

图 6-9 创作者中心

图 6-10 店铺开通入口：全部服务

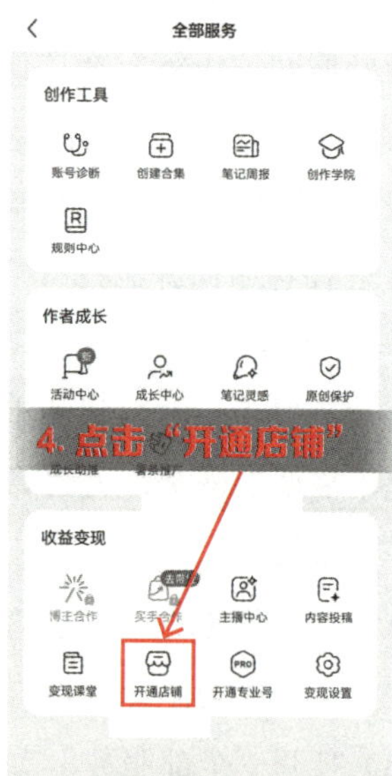

图 6-11 开通店铺

（5）点击“立即开店享权益”，如图 6-12 所示。

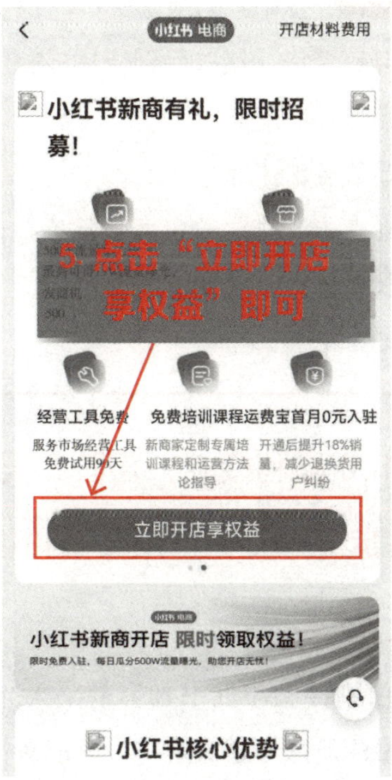

图 6-12　店铺开通申请页面

开通小红店后，进入后台点击“商品成长”，系统会根据你前期养号时触达的用户群体兴趣，推荐精准的机会类目。当你选择好这些类目发布商品，才能以最快速度获得平台流量支持。

我有一名宠物赛道的私教学员，她就通过这种方式，在开店第三天获得了平台的流量扶持，带来了首批订单。她的“猫咪自动喂食器”在平台推荐下获得了超过 1500 的浏览量，直接成交 8 单，关键是她才不到 50 个粉丝！而且，平台对新店铺的扶持政策是真实有效的，这无疑是很好的机会。

本节小结

零粉开通电商带货：从选品到转化成交全流程

一、电商带货红利趋势

二、零粉开通店铺流程

小红书主页点击“我”—左上角三条杠—创作者中心—更多服务—开通店铺—立即开店，一般1小时内就能审核通过。

6.2 从1到100赢利模式，矩阵布局与IP升级

6.2.1 矩阵运营：账号分身术，规模化放大影响力

▶ 一、什么是矩阵

很多新手小白刚接触小红书都容易陷入“矩阵崇拜”的误区，认为只要批量注册账号、做矩阵，就能有很多流量和客户。

事实上，这种认知就像你雇很多人在街头帮你发传单，以为发出去的传单越多生意就越好，却忽视了传单内容本身的价值和发放策略的重要性。

矩阵的本质，是一种商业营销策略。运营矩阵的关键，在于用可复制的优质内容对冲平台算法的随机性。

真正有效的矩阵必须建立在赢利闭环的基础上。就像你开连锁店之前要先验证单店的盈利模式，从账号的角度来看，你至少要有1个账号能稳定产出并转化内容。在此基础上，再去考虑规模化复制，做矩阵内容和账号，效果会更好，也更稳妥。

一句话总结就是：矩阵放大的前提是你要先跑通整个流程。

▶ 二、为什么要做矩阵

1. 构建安全壁垒

平台的限流违规就像天气变化一样难以完全预测和规避，单个账号可能今天还好好的，明天就因为一条违规笔记而前功尽弃。

我们之前有个私教学员，她的主账号因被平台判违规导致笔记限流，但好在她还有其他账号，不至于一个账号被限制了就感觉天塌了。

布局矩阵号也是为了建立流量安全壁垒，不把鸡蛋放在同个篮子里，提高抗风险能力。

2. 获取爆款流量

当小红书上某个内容模板被验证有效、做出爆款笔记之后，快速复制就是制胜关键，而矩阵恰恰就是实现快速复制的通道。

你可以立刻用你的其他矩阵账号去发这个内容模板的选题笔记，或者用你原先实现这个内容模板爆款的账号继续发，就可以将这一波流量收在自己手上。

值得注意的是，不是说这篇内容笔记出现爆款了，就可以立马照搬继续去发，而是要拆解这篇内容模板笔记的爆款元素有哪些，复制这些爆款元素，然后再调整笔记内容去发，哪怕是微调文案，或者更换图片，都是正确的微调手段。

比如我的小红书私教学员小熊老师，就是专注知识付费类的技能培训。在学习小红书之前，她只是一位普通宝妈，而跑通了从 0 到 1 后，她带着对象一起做矩阵账号，两个人轻松运营十几个账号，不到一年引流 2000 人，赢利 80 多万元。

有人可能会问，为什么笔记爆了就要去进行矩阵的快速复制呢？因为爆款内容是带有周期性的，这段时间爆了，抓住机会就可以以更低的试错成本获取更高的流量价值。而周期一过，用户对内容形式疲倦之后，再抓取流量就不容易了。

再比如我的另外一位学员王丛，是一位珠宝饰品店的女老板。她的其中一个矩阵账号“土土饰物所”就是持续发送“猜克重”的选题（见图 6-13），每条笔记都是上百条精准评论，吸引了很多对银饰感兴趣的女性群体。在粉丝数不多的情况下，这个账号仍然引流上千人，转化赢利六位数。

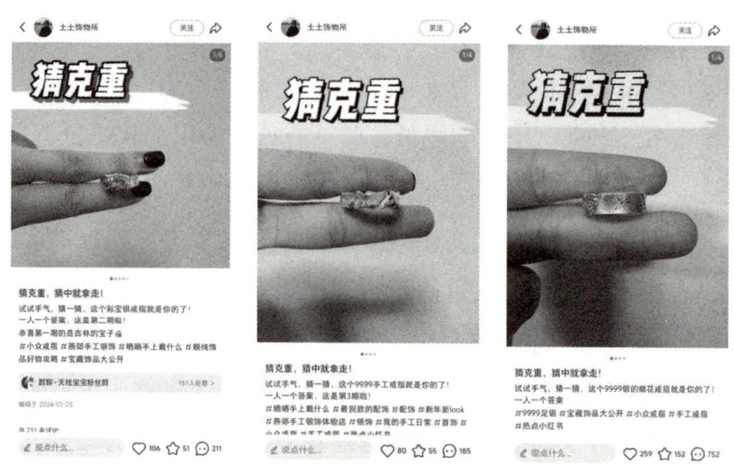

图 6-13　珠宝首饰赛道矩阵笔记

3. 行业卡位布局

在同一赛道，通过用不同的笔记账号、人设定位以及内容矩阵建立用户心智，覆盖这条赛道的目标用户，能精准卡住搜索位置，领先于其他不会布局关键词的同行。

比如教育赛道，某考证机构用“考证学姐”“职场导师”“备考规划师”等3种人设的账号，去覆盖目标用户的不同搜索场景。而当用户在比较不同账号时，其实都是在接触同一家机构。这种多点触达的策略，能把用户牢牢圈定在自己的流量池里面，不轻易走丢。

本节小结

一、什么是矩阵

矩阵的本质，是一种商业营销策略。

二、为什么要做矩阵

1. 构建安全壁垒。
2. 获取爆款流量。
3. 行业卡位布局。

6.2.2 付费投放：撬动杠杆，精准提升 ROI

6.2.2.1 薯条投放：精准投放笔记，提升曝光点击

▶ 一、薯条投放的好处

薯条投放是小红书为创作者打造的笔记推广工具，它能根据需求精准推广内容，提升笔记的曝光量、互动量或粉丝量。通过薯条投放，你的内容能突破算法限制，更快触达目标受众，实现笔记价值的最大化效果。

薯条投放的核心功能特别丰富，比如内容测试，可以通过小金额投放增加笔记在发现页的曝光机会，快速测试笔记质量和用户的反馈互动。

还可以验证笔记是否存在违规内容或被限流。根据性别、年龄、兴趣等维度，精准触达定向目标受众。另外，还支持实时查看笔记的曝光、点击、互动数据，方便第一时间优化内容。

▶ 二、薯条投放的详细操作步骤

薯条投放虽然是小红书平台中门槛较低的推广工具，但要实现高效精准的投放效果，仍需掌握系统的操作流程和技巧。本节将为你提供从准备到优化的全流程指南，帮助你轻松驾驭薯条投放。

1. 前期准备工作

在开始薯条投放前，做好以下准备工作能大幅提高投放效果：

1）笔记内容优化。薯条投放的效果很大程度上取决于笔记本身的质量。尽量确保你的笔记做到如表6-1所示关键点。

表6-1　笔记内容优化表

关键点	具体内容
标题吸引人	使用量词+功能需求词/场景词/价格词+品类词的结构
首图高质量	竖屏、高清、有吸引力的图片，避免纯商品图
内容有价值	确保内容对目标受众有实际价值，解决特定问题
无违规内容	避免使用平台违禁词，确保内容符合平台规范

2）账号状态检查。薯条投放前，从三个维度做好账号状态检查，检查内容如表6-2所示。

表6-2　账号状态检查表

检查维度	具体情况
账号记录	确保账号无违规记录，未被限流
权重情况	账号权重稳定，近期笔记数据表现平稳
全新养号	若是新账号，先发布5～10篇优质笔记

3）投放目标明确。根据你的需求明确投放三大目标，如表 6-3 所示。

表 6-3 投放目标

投放目标	投放区间
提升曝光量	适合测试笔记质量和受众反应
提升互动量	适合已有一定曝光但互动率低的笔记
提升粉丝量	适合有较高互动率但粉丝转化率低的笔记

2. 薯条投放设置全流程

步骤一：进入薯条投放页面。

有两种方式可以进入薯条投放页面。

方式一：通过笔记直接进入

1）打开小红书 App，进入个人主页，选择想要推广的笔记，如图 6-14 所示。

图 6-14 小红书个人主页

2）点击笔记右上角“...”，如图 6-15 所示。

图 6-15　笔记页面右上角“...”

3）在弹出的浮窗中点击“薯条推广”即可。

方式二：通过创作者中心进入

1）、2）打开小红书 App，进入个人主页，点击左上角三条杠，如图 6-16 所示。

3）选择“创作者中心”，如图 6-17 所示。

4）打开“全部服务”，如图 6-18 所示。

5）在作者成长找到“薯条推广”功能，如图 6-19 所示。

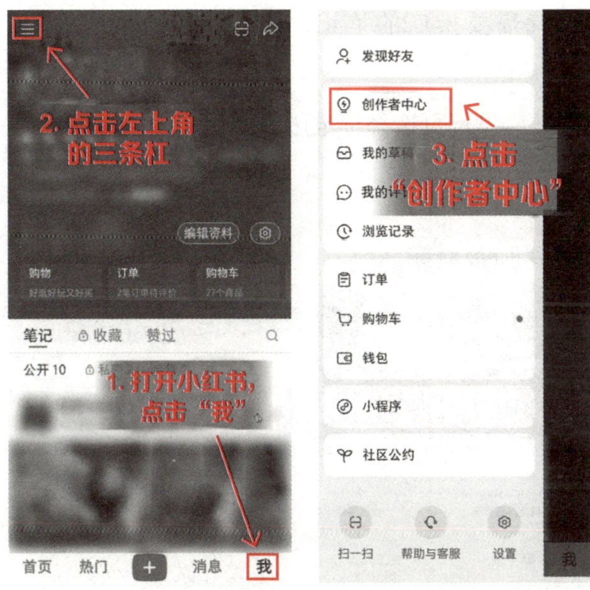

图 6-16　小红书个人主页　　　　图 6-17　创作者中心

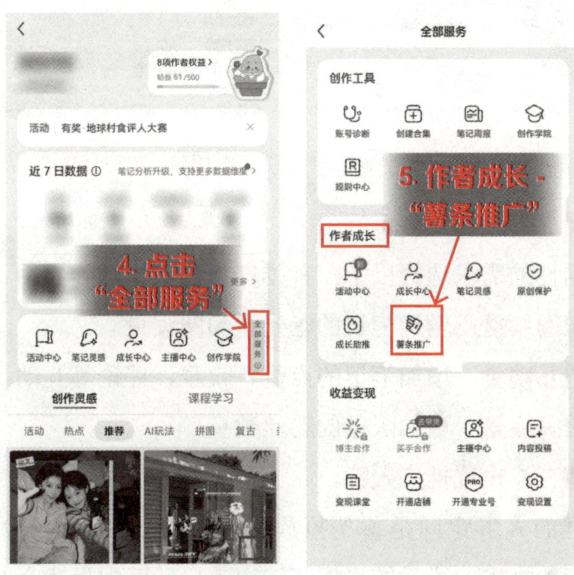

图 6-18　全部服务　　　　图 6-19　薯条推广

6）选择需要推广的笔记，点击“立即推广”，如图 6-20 所示。

7）在推广设置页选择标准版，开始设置，如图 6-21 所示。

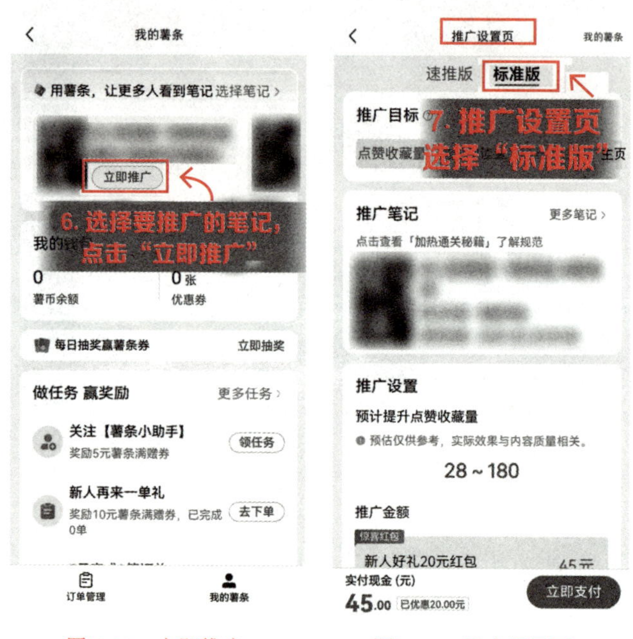

图 6-20　立即推广　　图 6-21　推广设置页

步骤二：设置推广目标。

根据你的需求选择以下三种推广目标，如图 6-22 所示。

笔记阅读量：增加笔记的曝光量和阅读量。

笔记互动量：增加笔记的点赞、收藏、评论等互动。

粉丝关注量：增加账号的粉丝数量。

步骤三：设置推广人群。

精准的人群定向是薯条投放成功的关键，如图 6-23 所示，可选择智能推广，让系统根据笔记内容自动匹配最适合的受众。

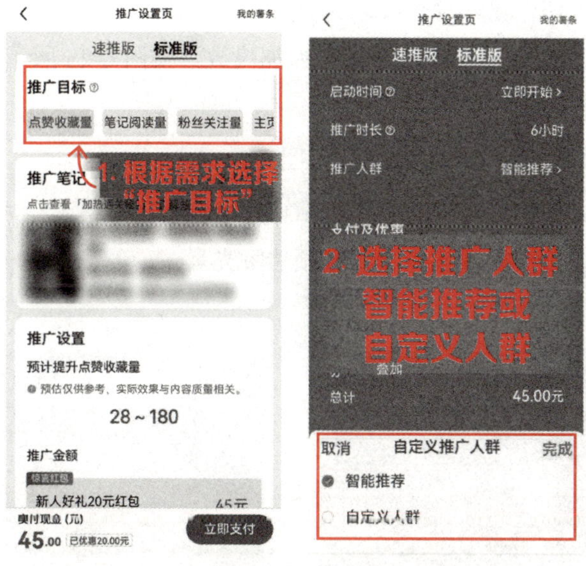

图 6-22　推广目标　　图 6-23 推广人群

自定义设置：手动设置以下维度，如图 6-24 所示。

性别：男 / 女 / 不限。

年龄段：可多选，如 18 ～ 24 岁、25 ～ 30 岁等。

地域：可选择全国或特定省市。

兴趣标签：选择与笔记内容相关的兴趣标签，最多可选 3 个。

步骤四：设置推广时长和预算。

（1）推广时长。

测试期：建议选择 6 小时，快速获取反馈。

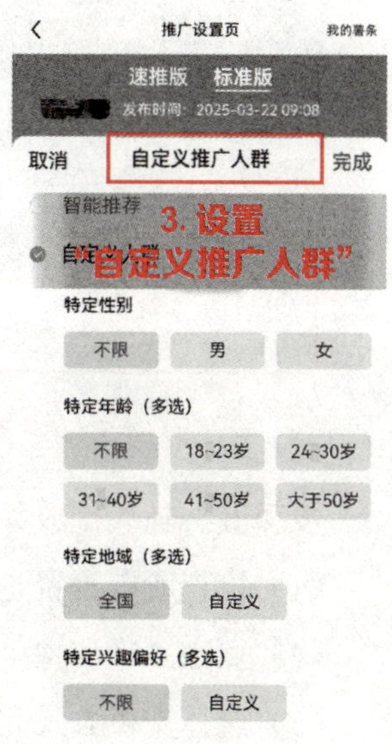

图 6-24　设置自定义推广人群

加推期：建议选择 2 天及以上，集中曝光。

注意：24 小时内可以随时追加投放，如图 6-25 所示。

（2）推广预算。

最低起投金额为 75 元，如图 6-26 所示。

根据你的总预算和测试策略设置单次投放金额。

系统会根据预算自动计算预估曝光量。

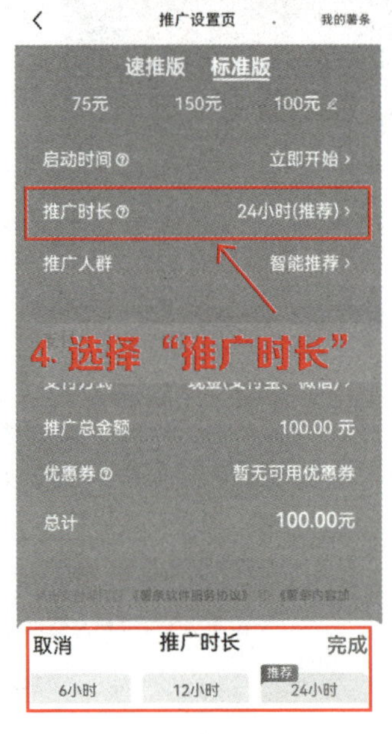

图 6-25　推广时长

图 6-26　设置自定义金额

步骤五：确认投放并支付。

（1）检查所有设置是否正确。

（2）点击“确认推广”按钮。

（3）选择支付方式完成支付，如图 6-27 所示。

（4）系统审核通过后（通常在几分钟内），笔记将开始推广。

薯条投放是小红书平台上一个强大的流量获取工具，掌握其精髓可以帮助创作者和品牌主突破流量瓶颈，实现内容价值的最大化。

记住，成功的薯条投放不仅仅是技术问题，更是对用户需求的深刻理解和对内容价值的不懈追求。将 AI 工具与人的创造力相结合，持续优化内容和投放策略，你将能在小红书平台上实现笔记精准投放，提升曝光点击效果，最终达成你的营销目标。

现在，是时候将这些知识付诸实践，开始你的薯条投放之旅了！

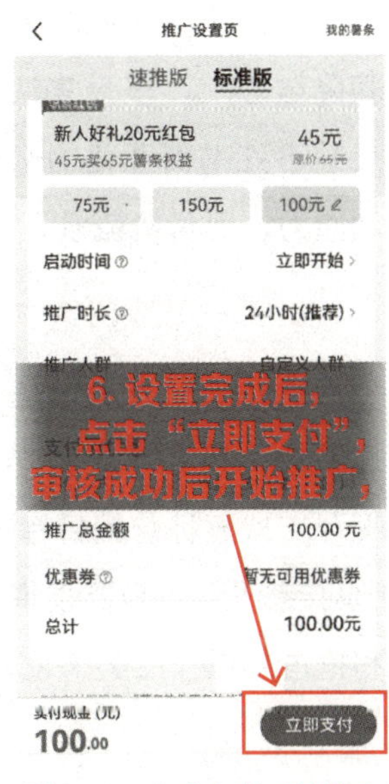

图 6-27　完成支付开始推广

本节小结

一、薯条投放的好处

薯条投放的功能和作用

二、薯条投放的详细操作步骤

1. 前期准备工作

2. 薯条投放设置全流程

6.2.2.2　聚光投放：提高广告转化率，降低获客成本

在小红书生态中，聚光投放已经成为品牌与创作者不可或缺的流量获取工具。随着越来越多的博主入场，小红书已经过了那个随手发发笔记就能爆的红利阶段了。

平台数据显示，从 2024 年下半年起，自然流量占比从 65% 骤降至 28%，平台算法更倾向于将流量分配给付费内容。这背后是小红书商业化的必然选择，平台需要通过广告收入证明盈利能力，而付费流量正是核心营收来源。

▶ 一、聚光平台的介绍

小红书聚光平台是专为品牌营销打造的一站式广告投放管理系统，整合了小红书站内搜索与信息流两大核心流量场景。平台支持五种营销目标：产品种草（提升互动数据）、商品销量（直接带货）、客资收集（表单获客）、直播推广（引流直播间）和抢占赛道（品类卡位），如图 6-28 所示。

图 6-28　聚光平台页面

简单说就是，你花钱让小红书帮你“加 buff 开外挂”，把你的带货笔记或者广告笔记强行推送到更多客户眼前，尤其是精准推送给可能会买你产品的人。

比如，你开了卖猫罐头的小店，发了条笔记但没人看。这时候你用聚光投放，相当于对小红书说："帮我把这条内容塞进'养猫人群'的手机里！预算 500 元，越快越好！"小红书就会把你的广告精准推送给最近搜索过"猫粮""宠物"等强关联信息的人，甚至直接链接到你的商品页，让人看完就下单。

▶ 二、聚光平台的优势

优势一：一站式解决方案，覆盖多种营销诉求

聚光平台以其一站式解决方案的优势，可以帮助账号运营者在有限预算内快速建立起品牌知名度，吸引首批用户。平台提供了从广告创意策划、投放渠道选择到效果监测与分析的全流程服务，商家无须具备专业营销团队，也能开展有效的营销活动。

在聚光平台的计划层级中，推广目的的选择是整个营销活动的起点。不同的推广目的对应着不同的营销场景和用户需求，精准定位推广目的能够确保营销资源的有效利用，实现营销效果的最大化，如图 6-29 所示。

图 6-29　选择推广目的

优势二：精准定向人群，实现高效触达

聚光平台依托于小红书系统后台数据，能够对人群进行精细划分，从而实现精准定向投放。商家可以根据性别、年龄、地域、兴趣等标签进行定向投放，确保广告能够有效触达潜在客户，如图 6-30 所示。

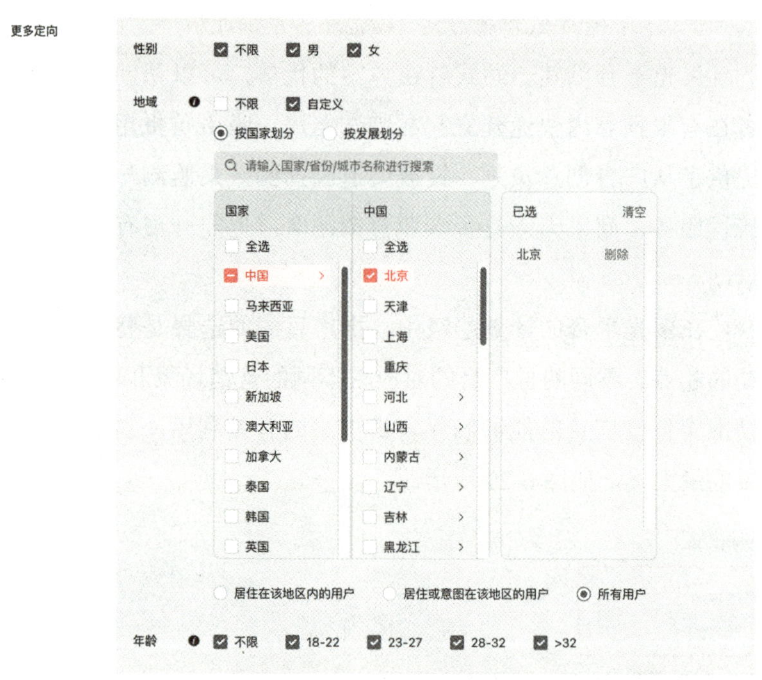

图 6-30　精准定向人群

这种精准定向能力特别适用于推广具有特定目标群体的产品或服务。例如，深圳一家高端美容院利用聚光平台的精准定向功能，将广告投放给对美容护肤感兴趣，且具有较高消费力的深圳本地女性用户群体，精准吸引同城客户。

这种精准的定向策略使得广告的点击率和转化率得到显著

提升，为商家带来了实实在在的商业价值。

本节小结

聚光投放：提高广告转化率，降低获客成本

一、聚光平台的介绍

二、聚光平台的优势

优势一：一站式解决方案，覆盖多种营销诉求。

优势二：精准定向人群，实现高效触达。

6.2.3 直播运营：如何打造场观 10W+ 爆款直播间？

在小红书生态中，直播已从单纯的带货工具，逐渐演变为一种全新的内容形态。与抖音、快手等平台不同，小红书直播有着独特的社区属性和内容调性。

在这里，直播不再是简单的“叫卖”，而是成为图文、视频之外的第三种内容形态。它扎根于社区，从主播的个体生活出发，与网友建立情感连接，提供实用经验或情绪价值。正是这种差异化的定位，让小红书直播在激烈的内容竞争中脱颖而出。

本节将深入剖析如何打造场观 10W+ 的爆款直播间，从内容定位、直播间搭建、流量获取到赢利策略，为你提供一套完整的小红书直播运营方法论。

▶ 一、流量获取与场观提升策略

小红书直播的流量主要来源于三个渠道：笔记引流，直播预告，平台推荐。要打造场观 10W+ 的爆款直播间，需要掌握这三种流量获取方式。

与抖音不同，小红书直播没有强大的自然流量池，大部分流量需要通过笔记引导。根据平台数据，直播间超过 70% 的观众来自于主播的笔记引流。笔记引流的关键是建设内容矩阵、发布直播预热笔记和制作直播精华笔记。

小红书直播有自己的推荐机制和热门榜单，登上这些榜单能获得平台额外的流量支持。根据平台规则，直播间的互动率、停留时长和转化率是影响算法推荐的关键因素。

博主“小莹子”的游戏直播（见图 6-31）能在半年内涨粉 93 万，很大程度上得益于她对平台算法的深度把控。她的直播间互动率常年保持在 15% 以上，平均停留时长超过 30 分钟，这些优秀的数据指标让她的直播频繁登上小红书热门榜单，获得更多的流量曝光。

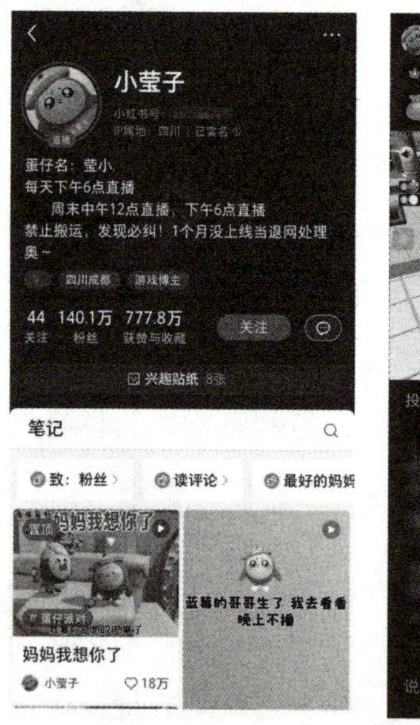

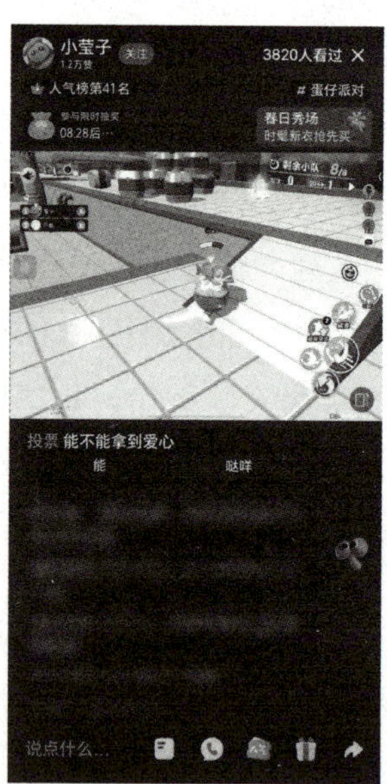

图 6-31　游戏直播间

▶ 二、爆款直播间的运营节奏

打造一个场观 10W+ 的爆款直播间不是一蹴而就的，需要系统化运营和持续优化。从新手起号到稳定发展，每个阶段都有不同的运营重点和策略。

对于小红书直播新手，可以遵循六步法则快速起号。

第一步：在开始直播前，至少发布 10 条高质量笔记，建立基础流量和粉丝；

第二步：每场直播时长不少于 4 小时，帮助账号建立直播标签；

第三步：每次直播前发布直播预告，提高开播初期的场观人数；

第四步：纯直播账号的笔记不要挂商品链接，以免影响笔记流量；

第五步：开播后 10 分钟定时发布 1 ～ 2 条笔记，持续引流至直播间；

第六步：设置直播间秒杀，条件改为“关注主播”，提高粉丝转化率。

按照六步法则操作，一个新手账号通常能在 7 天内看到可观的场观提升。

小红书直播正在从单纯的带货工具逐渐演变为一种全新的内容形态和社交方式。未来，随着平台功能的完善和用户需求的变化，小红书直播将呈现内容垂直化、社交互动深化、商业模式多元化和技术赋能升级的趋势。

在这个充满机遇的时代，无论你是个人创作者还是品牌运营者，只要找准定位，打造有价值的内容，建立真实的情感连接，就有机会在小红书直播这片蓝海中收获属于自己的成功。正如小红书官方所说“好内容自带光环”，当你真正为用户创造价值时，流量和商业回报自然会随之而来。

本节小结

直播运营：如何打造场观10W+爆款直播间？

一、流量获取与场观提升策略

二、爆款直播间的运营节奏

6.2.4 公私域结合：打造吸金私域赢利系统，转化率飙升

▶ 一、打造吸金朋友圈

1. 朋友圈的重要性

对于IP来说，打造一个吸金的朋友圈至关重要，因为它能够持续强化个人品牌影响力，并建立高黏性的用户信任关系。

朋友圈作为私域流量的核心阵地，其高频直接的互动属性，能够更直观地展示博主的专业性和价值输出。比如通过日常干货片段、成功案例分享或用户反馈，潜移默化地塑造IP感。

此外，吸金朋友圈的本质是将“弱关系”转化为“强交易”的高效渠道。通过精心设计的内容节奏，如痛点刺激、解决方案预告、限时福利等，提升成交力和转化率。或者，经常在朋友圈分享真人出镜或者生活化场景，提升IP的信任度和温度。

2. 朋友圈的六大类型

1）人设圈

人设圈是指 IP 在朋友圈有策略地展示个人形象、性格特点和生活方式的内容组合，塑造一个真实、立体、有吸引力的人设。它不同于单纯的专业内容输出，而是通过生活片段、价值观表达、兴趣分享等元素，让用户感受到博主不仅是行业专家，更是一个有温度、有故事的鲜活个体。

人设圈的核心价值在于建立深度信任感，缩短用户的距离感，从而为后续的知识产品转化奠定情感基础。

人设圈的创作可以从多个维度切入：

（1）专业日常：展示工作场景、学习笔记或行业思考，强化“资深从业者”形象；

（2）生活片段：如运动、阅读、家庭互动，传递自律或温暖的个人特质；

（3）价值观输出：通过观点金句、社会事件评论树立独特认知；

（4）成长故事：分享挫折与成就，增加共鸣；

（5）兴趣标签：如咖啡、旅行等小众爱好，塑造记忆点。

比如我的人设和标签是：小红书高客单赢利教练。分享和客户聊合作的场景、线下讲课的场景，都可以趁机植入自己的观点认知，如图 6-32 所示。

2）产品圈

产品圈是 IP 在朋友圈系统化展示其核心产品的价值、使用场景和用户反馈的内容组合。它不同于硬性广告，而是通过场景化植入、效果外化和故事化表达，潜移默化地传递产品优势，激发用户的购买需求。

产品圈的本质是解决“用户为什么要买”的问题，通过持续的价值渗透，缩短用户的决策路径，最终实现自然转化。

优质产品圈需要包含三大核心要素。

（1）痛点刺激：直击目标用户的焦虑点，制造“这个问题必须解决”的紧迫感。

（2）方案展示：用案例、截图或短文案清晰呈现产品如何解决问题。

（3）限时福利：通过赠品、早鸟价等稀缺性设计促进行动。

具体形式可以是课程片段剧透、学员感谢截图、产品使用场景短视频、直播精华片段等。关键要把握“教育而非推销”的原则，让用户自己得出“我需要这个”的结论。

如图 6-33 所示的我这条朋友圈，就是借助客户咨询顺带

比比先森°

给美业赛道的老板们，讲小红书精准引流获客，下完课后微信都被加爆了

纷纷反馈说，原来实体门店在小红书拓客，比在抖音和视频号都要容易太多倍，客户还优质得不得了……

有的说，“原来小红书这么好做，我之前还一直在学抖音直播话术，真的很难起，这次真的是来对了”。

现场也不乏很多“80后”甚至“70后”的传统实体老板，我关心问有没有理解听懂。

结果看到他们直接把账号打开给我看，引流钩子和笔记都做出来了，点点头说今晚的干货多到记不完，回去就开始干起来。真的发自内心的自豪……哈哈哈！

——不做视频做图文，不做爆款做生意。

——从第一条笔记就开始引流，从第一个粉丝就开始变现。

其他虚的不谈，这是我一贯的宗旨。

图 6-32　人设圈

比比先森°

今天有客户问，每个私教学员都要不限条改笔记，交付这么做会不会太重，忙不过来？

一天同时交付几十上百个学员，完全没问题。而且我还会专门让助理提醒你，宝子今天怎么还不更新？

因为一切问题都在我的射程范围之内。和你揭晓下比比老师的交付差异化：

在我看来，不论任何行业赛道，我都能从一个学员的问题，提炼出一套具体的解法。

比如不知道怎么改写爆款文案，既不会失去爆款密码，又能增加自己的人设属性和产品钩子，提高笔记变现力。

图 6-33　产品圈

介绍了自己的交付，解决了用户的售前问题。

3）日常圈

日常圈是 IP 在朋友圈展示非营销性质的个人生活片段和即时思考的内容组合，其核心价值在于打破专业距离感，构建真实立体的 IP 形象。

这类内容看似随意，实则通过精心设计的生活切片（如工作间隙、学习时刻、兴趣日常等），持续传递博主的价值观和生活态度，在无形中强化用户对 IP 的情感认同。

优质的日常圈创作可从三个维度切入：

大部分学员找我诊断账号，不是笔记限流，其实就是笔记选题偏离目标人群，封面形式过时，内容没有变现属性。仅此而已。

所以我不是简单地教你抄袭和搬运，那样的方式早就烂大街了，该限流限流，该违规违规。

我要做的，是把真正的底层逻辑教给你。也不要问我有没有待过某某行业，因为我教的是贯彻任何一个行业的获客方法论。

除非你这个赛道太敏感不好做，我不想收，怕影响我的口碑。

毕竟带了上千个学员，几十个行业赛道，要问其他学员能跑通，不如问更关键的，是你能不能听话照做，配合我的规划执行到位。

毕竟跟着我下来季度陪跑的，基本都跑通了变现和正反馈。我不会瞎承诺百分百变现，但做小红书，在我看来，就是没什么难的，无外乎止确的坚持。

所以，与其担心我改笔记能不能改得过来，不如问下你自己，能不能每天拿一个小时的时间出来好好更新笔记啊，老板们。😊

图 6-33 （续）

（1）场景化细节：如书桌布置、咖啡杯特写等生活美学，传递精致感；

（2）自己的一日生活：美食、旅游、过节、生活感悟等；

（3）和家人的互动：比如郊游、生日、孩子、夫妻日常等。

如图 6-34 所示的我这条朋友圈，讲的是自己的年度规划和展望寄语，分享对生活的美好感受，配图就是个人写真，吸引了很多好友点赞。

比比先森°

这两天在梳理年度规划，写到今年的目标时，不再是赚到多少钱，而是——让自己更加开心，学会爱自己，尊重自己的情绪和感受。

状态是最好的风水，去年年底的状态特别差，情绪低落，只想着放空和寻求寄托，业务情况也因此下滑，感觉很难提得起心力。

但是今年年初，回到深圳，开始接触到老朋友们，回到家和家人相逢。发现当自己能量打开，才会更容易进入做事的心流状态，才会在人际关系中享受松弛与滋养，而不是患得患失。

爱自己胜过一切，当你学会爱自己，才会值得更多美好事物和爱。

希望你继续保持高敏感的天赋，但不是在意别人，而是把目光投射到自己身上，让自己更加自信。去勇敢，去大大方方地闯进全新的生活。

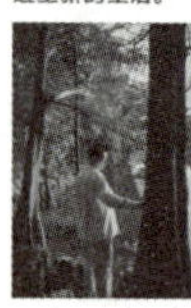

图 6-34　日常圈

4）反馈圈

反馈圈是 IP 在朋友圈系统展示用户好评、成功案例和产品效果验证的内容集合。

这类内容不同于直接的产品推销，而是借助真实用户的成长故事、成绩提升和情感反馈，以客观视角印证产品的核心价值，在心理学上形成“从众效应”和“权威效应”，为转化提供强有力的信任背书。

优质的反馈圈创作可从三个维度切入：

（1）用户夸夸：发现用户发自肺腑的夸赞，截图；

（2）客户付款续费：红包的强刺激，吸引大家下单；

（3）用户转介绍：侧面表明自己价值。

如图 6-35 所示这条朋友圈讲的是线下活动偶遇私教学员，收获满满的报喜正反馈，于是“感动到差点哭出来”，最后表示了“这是最幸福的时刻”，体现我对学员的关怀和责任感。

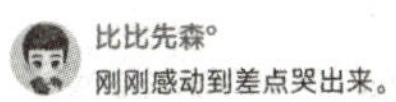

一个宝子看到我也在线下课现场，跑过来挥手和我说“比比老师！我是您之前的私教学员！”

她说，现在还在坚持发小红书，有50%的引流成交率！感受到了正反馈，慢慢也开始理解我讲的“用户视角”和“关键词选题”等等，开心地说——走上正道了，有点摸到门路啦！

以前都是线上报喜，而今天这种面对面的感激，真的让我内心很暖。

我想这是作为一名小红书教练和知识付费从业者，最幸福的时刻。

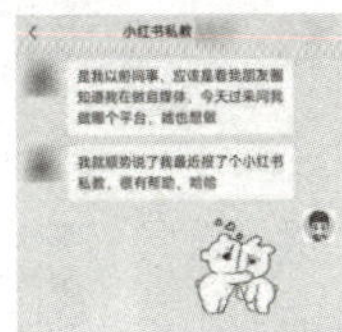

图 6-35　反馈圈

5）干货圈

干货圈是 IP 在朋友圈定期分享高价值行业见解、实用方法论和即学即用技巧的内容系列，其核心价值在于通过持续输出稀缺性专业知识，建立博主的权威形象并培养用户的内容依赖。

这类内容不同于碎片化资讯，而是经过深度提炼的“信息精华”，既能满足用户的即时学习需求，又能巧妙展示博主的专业深度，为付费产品埋下转化钩子。

干货圈的本质是“价值前置”策略，通过免费的优质内容让用户产生“免费内容都这么优质，付费课程更值得期待”的心理预期。

优质的干货圈内容需把握三大要点。

（1）问题导向：针对目标用户最痛的具体问题给出解决方案。

（2）阶梯价值：由浅入深设置内容梯度（如“入门技巧→进阶方法→独家心法”）。

（3）行动号召：在干货结尾自然引导延伸学习（如“想系统掌握这个方法，可私信获取完整手册”）。

如图 6-36 所示这条干货圈就讲到在小红书做知识付费 IP 引流获客的两个核心点，即内容的深浅程度和钩子的筛选程度，体现了我在这个领域的专业见解。

6）互动圈

互动圈是 IP 在朋友圈专门设计用于激发用户参与和双向交流的内容板块，其核心价值在于打破单向传播模式，通过问答、投票、话题讨论等形式建立深度用户连接。

比比先森

在小红书做知识付费IP引流获客，我总结最重要的两点，很多人都忽略。

第一，内容的深浅程度。

我遇到我们很多私教学员，反馈自己用心写的内容在小红书激不起一点水花，甚至声称把付费课的内容都搬过来了。

但在小红书，人家就是不喜欢太深度的东西，这会让他们觉得难。他们喜欢这件事情只需要一二三步就可以实现。

学习本来是反人性的事情，他觉得你的东西太难他就不感兴趣了，所以你得把轻松的内容放在前面，按照我们课里讲的对标拆解法，加入流量爆款的部分，让整体看起来更容易被用户接纳。

品味是流量的敌人。一定要知道自己做小红书的目的是单单为了展示自己的才华，还是获客引流变现。

第二，钩子的筛选程度。

都说互联网引流最有效的两招是“扫我二维码”和“加我领资料”。

给什么资料？一定是你的目标用户的重需求。

比如你是教宝妈创业的，那你的钩子就不要设置几十G个人成长电子书，而是宝妈轻创业搞钱300招，然后把你的项目夹杂在里面。

而且，要关注有没有把这个钩子在各个细节全方位布置好。在群聊、内页、文案区、评论区、简介都要布局，用户上来的概率就越多。

你得先对别人有用，才能有机会让别人付费。

内容深浅，钩子设定。这两招学起，让你的精准流量嘎嘎上门来。

图 6-36　干货圈

互动圈的本质是私域流量的“激活器”，将沉默的围观者转化为积极参与者，为转化路径铺设情感基础。

有效的互动圈运营可采用以下方法：

（1）悬念式提问：抛出行业争议性话题引发讨论（如“你认为短视频还能火几年？”）；

（2）求助型互动：就具体问题征求用户建议（如“下周直播你们想听什么主题？”）；

（3）轻量级投票：用简单选择题降低参与门槛（如“哪个封面更好，A or B ？”）；

（4）有奖互动：设置小福利激励优质回答。关键要把握“低门槛 + 高价值反馈”原则，每条互动内容都应给予认真回复，让用户感受到被重视，从而培养持续互动的习惯，最终将互动参与者自然转化为产品用户。

3. 微信的两大联动渠道

1）公众号

公众号作为 IP 的核心阵地，其独特的闭环生态为精准引流提供得天独厚的优势。这个深度内容平台能够有效筛选高价值用户，通过专业长文建立权威形象的同时，持续吸引目标受众自然增长。

公众号的菜单栏、自动回复等功能可设置系统化的引流路径，将公域流量有序导入私域池。日常推送既能保持与粉丝的稳定互动，又能通过干货内容的价值输出强化用户黏性。

更重要的是，其与微信生态的无缝衔接，使优质内容能够在朋友圈、社群等多场景自然流转，形成裂变式传播效应，这种精准触达能力是其他平台难以企及的。

比如，我就经常在我的公众号（比比先生）分享小红书干货长文和产品介绍，不定期触达已经沉淀的关注用户，如图 6-37 所示。

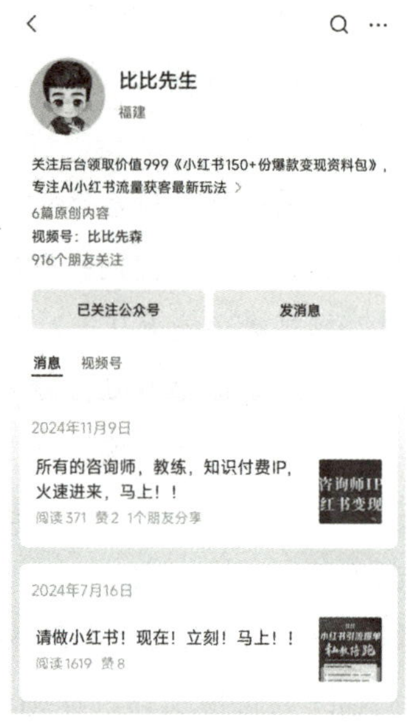

图 6-37　比比先生公众号

看完公众号长文的粉丝自带高信任度，有高付费意愿，假设你能提供对方需要的价值，自然就可以很好地达成交易，实现赢利闭环。

2）视频号

视频号作为微信战略布局的重要一环，为 IP 提供了内容赢利的完整闭环。其短视频形式更符合当下用户的碎片化阅读习惯，能够以更生动直观的方式传递专业知识要点。

定期直播不仅增强了博主与粉丝的即时互动，更通过强社交属性提升了用户黏性。平台特有的挂车功能打通了从内容到消费的最短路径，使转化效率得到显著提升。

同时，视频号与公众号、朋友圈、社群的深度联动，构建了多维度的流量矩阵，让优质内容能够在微信生态内实现价值最大化。这种集内容传播、用户运营和商业赢利于一体的完整生态，使其成为 IP 不容忽视的战略要地。

比如视频号“理白先生”（见图 6-38），基本每周都有开设视频号直播，定期与大咖嘉宾开展连麦互动，而且日常还分享了大量讲商业认知和超级 IP 打造的视频（见图 6-39），深受用户的喜爱和关注。

图 6-38　理白先生视频号

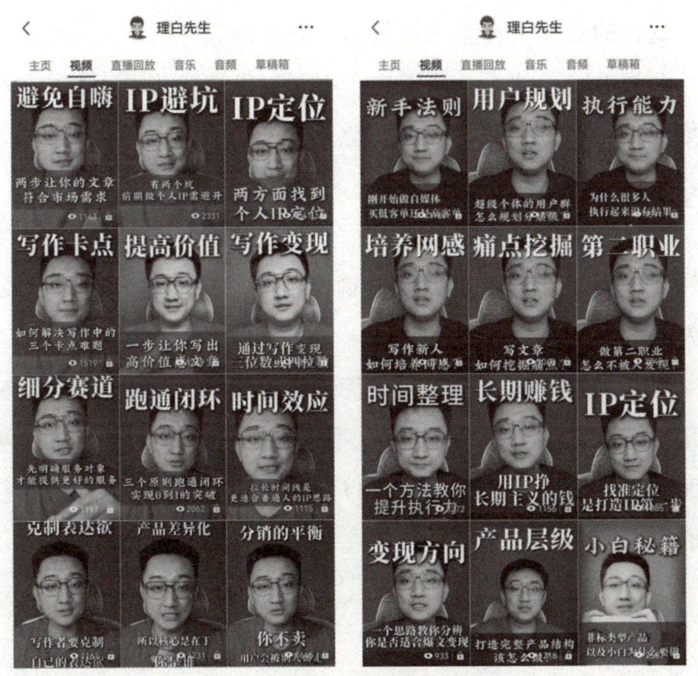

图 6-39　理白先生视频合集

▶ 二、私域运营的核心

私域运营的核心不是流量收割，而是人的连接。许多运营者容易陷入数据指标的迷思，将用户简化为转化率、GMV 或复购率中的一个数字，却忽略了每一个 ID 背后都是活生生的人。真正的私域运营应当回归人性，关注用户真实的需求、情绪和体验。

这意味着不能仅用机械化的群发和促销轰炸用户，而要建立有温度的互动。

“日拱一卒，功不唐捐。”私域不是短期的流量赢利工具，而是一项需要持续经营的长期资产。社交的基础永远是人与人的关系，而非人与商品的交易。

真正的长期主义意味着从第一天就规划好用户的生命周期，设计分层的陪伴体系，让用户在不同阶段都能获得匹配的价值。比如，新用户需要破冰招呼，老用户需要深度服务，沉默用户需要激活。

同时，长期主义也体现在内容策略上——不追求即时的爆款转化，而是通过稳定的价值输出培养用户习惯，使其形成对个人品牌的依赖。

真正的私域应当追求精准而非泛滥，每一个新增用户都应该是经过筛选的潜在目标客群。因为私域的质量远比数量重要，1000 个高活跃、高信任度的用户，远比 10 万个沉默好友更有价值。

本节小结

一、打造吸金朋友圈

1. 朋友圈的重要性

2. 朋友圈的六大类型

人设圈，产品圈，日常圈，反馈圈，干货圈，互动圈。

3. 微信的两大联动渠道

（1）公众号

（2）视频号

二、私域运营的核心

后记　在热爱的领域里，找到属于自己的光

写完这本书的最后一页，我翻了翻厚厚的书稿，仿佛对着四年前的自己挥了挥手，微笑说："瞧，你走得比想象中更远、更好。"

这不仅是我四年来的小红书运营实战经验凝结，更是与上千位学员携手，跨越30余个行业赛道萃取的智慧结晶。

作为方比比献给这个世界的第一部作品，我将所见所闻、所思所想毫无保留地倾注其中。如庄子所言"吾生也有涯，而知也无涯"，我深知自己的局限，却依然以满腔的热忱分享这份成长的见证，作为我对于这部作品的诚意。

这来源于我想表达感谢的很多很多人。

感谢我的父亲和母亲，你们给了我所认为的全世界最温暖的港湾，始终无条件地支持我的每一个决定，成为我勇敢前行的坚实后盾。

感谢我的良友一村，引领我正式看见小红书平台。感谢我的新媒体导师吕白，给我提供了宝贵的新媒体实践经验。

感谢我的团队伙伴们——莉莎、黄煜、子不语、亦橙、孙铭含、林道一，是你们一直在背后支持我，在一次次的共创和改进中，收获更好的结果。

感谢信任和认可我的几千位学员，收到你们的报喜反馈和转介绍推荐，我由衷地感到莫大的荣幸。这本书的很多经验和思考，也来自于我们陪跑携手一起实战的过程。所以，你们也是这本书的共创者。

感谢在商业世界里不断引领我的前辈们，和结识的每一位内容创业者——梁靠谱、大果、亦仁、杨涛、盛盛姐、易洋、粥左罗、醒醒同学、张可粒、花爷、芷蓝、阿猫、狗哥……

最后，要感谢我的人生贵人——理白先生，感谢他从 2023 年 4 月开始，一路支持我的事业，一路见证我的成长。可以说，有了你的关键指导，才有了现在如此闪光的方比比。

谢谢你们，让我越来越好。所有的人，我都深记在心。愿你我都能在自己热爱的领域里，找到属于自己的光。

未来，我会继续坚定前行，持续精进内容创作能力和流量运营能力，扎根优质内容，去帮助更多人，让更多优秀的创业者被看见，让更多的知识付费 IP 被看见，让更多有趣的灵魂在这个世界上闪闪发光。

毕竟，这是我最有人生价值感的生命瞬间。

方比比

公众号“比比先生”创办人